本书由上海文化发展基金会
图书出版专项基金资助出版

πολιτικά

我(苏格拉底)跟得上你的道路吗？我说，你说的那门专业似乎指政治专业，而且还许诺把男子教成好的政治人？

就是就是，他(普罗塔戈拉)说，苏格拉底哟，这正是我的专职。

真漂亮，我说，你搞到的这门专业漂亮，要是你真的搞到了的话——我没法不说出自己的真实想法，尤其对你，——其实，我自己一直以为，普罗塔戈拉噢，这专业没办法教。可你现在却那样子说，我不知道该怎么看你的话。不过，为何我觉得这专业不可传授，没法由一个人递给另一个人，还是说清楚才好。

——柏拉图,《普罗塔戈拉》,139a2-319b3

子曰:
可与共学,未可与适道;
可与适道,未可与立;
可与立,未可与权。

——《论语·子罕》

πολιτικά
政治哲学文库
甘阳 刘小枫 | 主编

刘贡南 著

道的传承
——朱熹对孔子门人言行的诠释

华东师范大学出版社

华东师范大学出版社六点分社　　策划

总　序

甘　阳　刘小枫

　　政治哲学在今天是颇为含混的概念,政治哲学作为一种学业在当代大学系科中的位置亦不无尴尬。例如,政治哲学应该属于哲学系还是政系?应当设在法学院还是文学院?对此我们或许只能回答,政治哲学既不可能囿于一个学科,更难以简化为一个专业,因为就其本性而言,政治哲学是一种超学科的学问。

　　在20世纪的相当长时期,西方大学体制中的任何院系都没有政治哲学的位置,因为西方学界曾一度相信,所有问题都可以由各门实证科学或行为科学来解决,因此认为"政治哲学已经死了"。但自上世纪七八十年代以来,政治哲学却成了西方大学内的显学,不但哲学系、政治系、法学院,而且历史系、文学系等几乎无不辩论政治哲学问题,各种争相出场的政治哲学流派和学说亦无不具有跨院系、跨学科的活动特性。例如,"自由主义与社群主义之争"在哲学系、政治系和法学院同样激烈地展开,"共和主义政治哲学对自由主义政治哲学的挑战"则首先发端于历史系(共和主义史学),随后延伸至法学院、政治系和哲学系等。以复兴古典政治哲学为己任的施特劳斯政治哲学学派以政治系为大本营,同时向古典学系、哲学系、法学院和历史系等扩展。另一方面,后现代主义和后殖民主义把文学系几乎变成了政治理论系,专事在各种文本中分析种族、性别和族群等当代最敏感的政治问题,尤其福科和德里达等对"权力—知识"、"法律—暴力"以及"友爱政治"等问题的政治哲学追问,其影响遍及所有人文社会科学领域。最后,女性主义政治哲学如水银泻地,无处不在,论者要么批判西方所谓"个人"其实是"男性家主",要么强烈挑战政治哲学以"正义"为中心无异于男性中心主义,提出政治哲学应以"关爱"为中心,等等。

以上这一光怪陆离的景观实际表明,政治哲学具有不受现代学术分工桎梏的特性。这首先是因为,政治哲学的论题极为广泛,既涉及道德、法律、宗教、习俗以至社群、民族、国家及其经济分配方式,又涉及性别、友谊、婚姻、家庭、养育、教育以至文学艺术等表现方式,因此政治哲学几乎必然具有跨学科的特性。说到底,政治哲学是一个政治共同体之自我认识和自我反思的集中表达。此外,政治哲学的兴起一般都与政治共同体出现重大意见争论有关,这种争论往往涉及政治共同体的基本信念、基本价值、基本生活方式以及基本制度之根据,从而必然成为所有人文社会科学的共同关切。就当代西方政治哲学的再度兴起而言,其基本背景即是西方所谓的"60年代危机",亦即上世纪60年代由民权运动和反战运动引发的社会大变动而导致的西方文化危机。这种危机感促使所有人文社会学科不但反省当代西方社会的问题,而且逐渐走向重新认识和重新检讨西方17世纪以来所形成的基本现代观念,这就是通常所谓的"现代性问题"或"现代性危机"。不妨说,这种重新审视的基本走向,正应了政治哲人施特劳斯多年前的预言:

> 彻底质疑近三四百年来的西方思想学说是一切智慧追求的起点。

政治哲学的研究在中国虽然才刚刚起步,但我们以为,从一开始就应该明确:中国的政治哲学研究不是要亦步亦趋与当代西方学术"接轨",而是要自觉形成中国学术共同体的独立视野和批判意识。坊间已经翻译过来不少西方政治哲学教科书,虽然对教书匠和应试生不无裨益,但从我们的角度来看,其视野和论述往往过窄。这些教科书有些以点金术的手法,把西方从古到今的政治思想描绘成各种理想化概念的连续统,盲然不顾西方政治哲学中的"古今之争"这一基本问题,亦即无视西方"现代"政治哲学乃起源于对西方"古典"政治哲学的拒斥与否定这一重大转折;还有些教科书则仅仅铺陈晚近以来西方学院内的细琐争论,造成"最新的争论就是最前沿的问题"之假象,实际却恰恰缺乏历史视野,看不出当代的许多争论其实只不过是用新术语争论老问题而已。对中国学界而言,今日最重要的是,在全球化时代戒绝盲目跟风赶时髦,始终坚持自己的学术自主性。

要而言之,中国学人研究政治哲学的基本任务有二:一是批判地考察西方政治哲学的源流,二是深入疏理中国政治哲学的传统。有必要说明,本文库两位主编虽近年来都曾着重论述施特劳斯学派的政治哲学,但我们决无意主张对西方政治哲学的研究应该简单化为遵循施特劳斯派路向。无论对施特劳斯学派,还是对自由主义、社群主义、共和主义或后现代主义等,我们都主张从中国的视野出发深入分析和批判。同样,我们虽强调研究古典思想和古典传统的重要性,却从不主张简单地以古典拒斥现代。就当代西方政治哲学而言,我们以为更值得注意的或许是,各主要流派近年来实际都在以不同方式寻求现代思想与古典思想的调和或互补。

以自由主义学派而言,近年来明显从以往一切讨论立足于"权利"而日益转向突出强调"美德",其具体路向往往表现为寻求康德与亚里士多德的结合。共和主义学派则从早年强调古希腊到马基雅维里的政治传统逐渐转向强调罗马尤其是西塞罗对西方早期现代的影响,其目的实际是缓和古典共和主义与现代社会之张力。最后,施特劳斯学派虽然一向立足于柏拉图路向的古典政治哲学传统而深刻批判西方现代性,但这种批判并非简单地否定现代,而是力图以古典传统来矫正现代思想的偏颇和极端。当然,后现代主义和后殖民主义各派仍然对古典和现代都持激进的否定性批判态势。但我们要强调,当代西方政治哲学的各种流派无不从西方国家自身的问题出发,因而必然具有"狭隘地方主义"(provincialism)的特点,中国学人当然不应该成为任何一派的盲从信徒,而应以中国学术共同体为依托,树立对西方古典、现代、后现代的总体性批判视野。

中国政治哲学的开展,毫无疑问将有赖于深入地重新研究中国的古典文明传统,尤其是儒家这一中国的古典政治哲学传统。历代儒家先贤对理想治道和王道政治的不懈追求,对暴君和专制的强烈批判以及儒家高度强调礼制、仪式、程序和规范的古典法制精神,都有待今人从现代的角度深入探讨、疏理和发展。近百年来粗暴地全盘否定中国古典文明的风气,尤其那种极其轻佻地以封建主义和专制主义标签一笔抹煞中国古典政治传统的习气,实乃现代人的无知狂妄病,必须彻底扭转。另一方面,我们也并不同意晚近出现的矫枉过正,即以过分理想化的方式来看待儒家,似乎儒家或中国古典传统不但与现代世界没有矛盾,还包含了解决一切现代问题的答案,甚至以儒家传统来否定"五四"以来的中国现代传统。深入研究儒家和中国古典文明不应采取理想化的方式,而是要采取问题化的方式,重要的是展开儒家和中国古典传统内部的问题、矛盾、张力和冲突;同时,儒家和中国古典传统在面对现代社会和外部世界时所面临的困难,并不需要回避、掩盖或否认,倒恰恰需要充分展开和分析。中国政治哲学的开展,固然将以儒家为主的中国古典文明为源头,但同时必以日益复杂的中国现代社会发展为动力。政治哲学的研究既要求不断返回问题源头,不断重读古代经典,不断重新展开几百年甚至上千年以前的古老争论,又要求所有对古典思想的开展,以现代的问题意识为归依。古老的文明中国如今已是一个高度复杂的现代国家,处于前所未有的全球化格局之中,我们对中国古典文明的重新认识和重新开展,必须从现代中国和当代世界的复杂性出发才有生命力。

  政治哲学的研究在我国尚处于起步阶段,无论是批判考察西方政治哲学的源流,还是深入疏理中国政治哲学传统,都有待学界同仁共同努力,逐渐积累研究成果。但我们相信,置身于21世纪开端的中国学人正在萌发一种新的文明自觉,这必将首先体现为政治哲学的叩问。我们希望,这套文库以平实的学风为我国的政治哲学研究提供一个起点,推动中国政治哲学逐渐成熟。

2005 年夏

目　录

序（陈少明）/ 1

引论 / 1

第一章　颜回之乐与贤 / 16
　　一、所乐何事 / 17
　　二、颜乐之言说 / 28
　　三、与他乐之区别 / 37
　　四、颜回之贤 / 44

第二章　子贡之知与言 / 56
　　一、告往知来 / 57
　　二、天何言哉 / 66
　　三、博济之病 / 71

四、"莫我知"之叹 / 78

第三章　子路之志与政 / 87
　　一、亚于浴沂 / 91
　　二、其言不让 / 100
　　三、勇于义者 / 105
　　四、喟然之叹 / 113
　　五、子路之弔诡 / 120

第四章　子夏之学与仁 / 126
　　一、先传后倦 / 127
　　二、礼后乎 / 136
　　三、仁在其中 / 144

结语：道的传承与创新 / 160

主要参考文献 / 166

文献综述 / 173

附录 / 177

后记 / 183

序

陈少明

  这是一篇研究朱子思想的论文。论文的特色不在于研究对象的选择,而在于方法的运用。《道的传承:朱熹对孔子门人言行的诠释》,标题就有许多讲究。第一,焦点既非孔子门人,也非一般的朱子思想,而是朱子的"诠释"。思想的发展或创造有不同的形式,有些是建构起来的,有些则是诠释出来的。诠释正是朱子以至整个宋明儒学思想表达的特色所在。第二,朱子诠释的案例不是整部《论语》,也不是孔子本人思想,而是孔子门人的言行。这就关系到对这些门人言行意义的认识,它同对《论语》这部经典的体裁或者言说方式的整体把握有关。第三,隐藏在标题之后,还有朱子"诠释"的不同方式或者途径的问题。以文本区分,就是《集注》、《或问》与《语类》所涉对象之不同及相应的言说方式的差别,它同朱子具体治学方法的层次相对应。简言之,这篇论文是通过特定的分析途径,展示朱子治经的思想经验。

经验是我近年来讨论方法论问题时常用的一个词。我以为,中国哲学史的研究,必须有深度地揭示经典的思想经验。但正如一切既是日常用语,又是哲学概念的词汇一样,经验也是个容易招惹麻烦的词。我使用这个词,首先是区别于思想观念,指生活中与行动相关的内容。所谓日常经验,内容离不开人、事、物诸要素,而在经典文本中,这些内容是通过叙事的形式呈现出来的。因此,故事比理论语句,更容易直观,因而更具经验性。例如《论语》这部经典,有大量孔子与弟子或时人的问答记录。表面上看,《论语》以记言为主,但其言不是纯理论语言,更多是行为语言。这类语言,其实是事的要素而已。因此,理解孔子这个人,同理解其言是一致的。同时,理解这个人又得同时理解相关的人,而相关的人也是通过各自的言行表现出来的。在这一意义上,经验性就是指向古典社会生活的情景性。古人治《论语》,对此多有深刻的领会,即使富于思辨爱好的朱熹,也不例外。所以,他会留下那么多对孔门弟子言行的诠释,成为这篇论文的丰富素材。不过,就朱子治经的学问经验而言,经验在这里有另一层次的含义。它是指治经的学问过程,是相对于学问成果而言的。成果通常指其治学的结果,而且是最能代表其水平的内容,是静态的。过程则包含对同一问题或对象先后不同的思考,是动态的。一个人的不同成果,既有具体针对性的区别,也有思想变迁的不同体现。研究这种关系,就是展示思想创造的具体性。概括地说,理解经典呈现的社会生活图景,与理解朱子诠释经典的思想活动,是掌握两个层次的经验。

研究经典文本中的生活经验,同理解经典的思想意义的相关性,比较容易理解。但理解思想人物的思想经验,而不是理解其思想成果,其作用则须分说。思想人物,当然是指有思想成就的人。我们首先会注意其表现为范畴、命题或者理论的成果,但从理解其思想创造的活动而言,揭示其创造过程,包括变动,反复,跳跃或者否定,以及造成这些现象的具体成因,对哲学史或者思想史来说,可能是更深层的问题。其意义,就是启发思想的创造性。一部《论语》展示的孔子形象,由于记录出自不同的人,所涉时代也不一致,使整个形象相对完整的呈现。从中不仅可以观察孔子与不同的人的关系,还可以追溯其思想的变化。"子曰:吾十有五而志于学,三十而立,四十而不惑,五十而知天命,六十而耳顺,七十而从心所欲、不踰矩。"(《论语·为政》)司马迁的《孔子世家》,正是据此而描绘的孔子肖像。只是由于相关语录的编年记载不足,这一工作仍限制较大。后代不少思想人物文献充足,编年清晰,如朱子、王阳明,提供给学者的这种机会就较多。当然,动态中有静态,如《集注》、《语类》、《或问》三书,既可以看作前后思考的记录,也可以看作应对不同学问语境的对话类型,如本书所揭示的。

这篇论文的选题,是作者刘贡南与我一起商量确定的。作为指导教师,我个人的经验是最好不要给学生指定题目。因为你自己觉得适合讨论的问题,学生未必就能够掌握,除非工匠式的模仿作业。弄不好,教师的意图没得到贯彻,而学生的专长却得不到发挥。这样,当学生面对质疑或批评时,难保有些不在心底里嘀咕,那是导师让我写的。很庆幸,我们商量的结果,不但没有落入这种尴尬的局面,而且总体上效果比原先的期待更好。论文不仅充实了我们在方法论上的某些预设,更引出可以进一步思考的问题。上述方法论的观点,也可以说,是我读完这篇论文以后才得以概括得更具体的。

成绩的取得与努力的付出是分不开的,这句话通常是一句套话。但对刘贡南来说,它是真切的描述。贡南是在职攻读博士学位的,时间一晃就是七年。他的工作在新疆石河子大学,但学则在广州中山大学。这七年里,他一半以上的时间是远离工作机构与家庭,一个人在广州度过的。阅读、筛选、构思、落笔,经过不断反复的环节,最终形成颇具自己风格的论文。其实,作者最大的收获,不是完成这篇论文或者获得一个博士学位,而是他自己另外的表达,就是爱上这门学问。我想说,这也是指导教师的收获。

引　论

　　本稿研究朱熹对孔子门人言行的诠释：一是孔子门人言行及其所包含的思想内容，二是朱熹对这些思想内容的挖掘及反思。所以，本稿所研究的不是朱熹的诠释思想或诠释理论，而是通过朱熹对孔子门人言行的诠释，阐述朱熹依据自己的生活经验对于《论语》这一经典所反映的生活世界的理解及其思考方式，从而揭示这些理解和思考的哲学内涵或普遍意义。其中，孔子门人言行是本文研究的基本元素。但所有这一切的研究都紧密围绕道的传承来展开。

　　之所以选择孔子门人言行，而不是《论语》中的仁、礼等概念范畴作为基本元素，主要基于以下四个方面的考虑：

　　首先，孔子门人言行所展现的是《论语》的生活世界。《论语》并非孔子独著，而是孔子门人言行的汇编。① 其所裒辑的不只是

---

① 《汉书·艺文志》云："《论语》者，孔子应答弟子、时人，及弟子相与言而接闻于夫子之语也。当时弟子各有所记，夫子既卒，门人相与辑而论纂，故谓之《论语》。"程子曰："《论语》之书，成于有子、曾子之门人，故其书独二子以子称。"（朱熹，《四书章句集注》，北京：中华书局，1983，页43。本文中，以下凡引该书，只注书名及页码）

孔子的言行,还有大量门人的言行,①以及孔子与门人的共同讨论。即使是孔子之言,大都是针对门人的言行或弟子的提问而发,与门人言行密切相关。此外,还录有孔子与当时各诸侯国政要的对话。所言说的主题围绕为学、为仁、为教、为政而展开,②孔子也根据门人的材质对其作了德行、言语、政事、文学的分类。③其实,德行是为学、为仁、为教、为政所必须具备的基本素质,言语是为教、为政的重要条件,政事是为政的具体实践,文学也是为学的主要内容。擅长于德行的颜回"一箪食,一瓢饮,在陋巷"博文约礼而"不改其乐"(《雍也》);擅长于言语的子贡与孔子论诗而"告往知来"(《学而》);擅长于政事的子路与孔子言志时慷慨陈词"愿车马衣轻裘,与朋友共,蔽之而无憾"(《公冶长》),却"不得其死"(《先进》);擅长于文学的子夏训导门人"洒扫应对进退"(《子张》),孔子则更是"学而不厌,诲人不倦","饭疏食饮水,曲肱而枕之,乐亦在其中矣。不义而富且贵,于我如浮云"(《述而》)。……这里所呈现的是一幅幅为学、为仁、为教、为政的生动画面。这样,《论语》所记录的孔子及其门人的言行所展现的就是一个既具有自己相对独立性又与社会有密切联系的教、学生活群体及其生活方式。朱熹与门人讨论时就指出:《论语》所说千言万语,就是

---

① 《论语》总计四百九十八章(节)(据朱熹《论语集注》),其中曾子之言十三章,子夏之言十三章,子贡之言十三章,子游之言四章,有子之言三章,子张之言三章,颜回之言一章,仅是这七名弟子的五十章言论就超过了十分之一的篇幅。

② 钱穆把为学、为教、为政作为孔子人生的三件大事业。参见钱穆,《孔子传·序言》,北京:生活·读书·新知三联书店,2002,页2。

③ 《论语或问》对四科作了具体的解释:"问:四科之目,何也? 曰:德行者,潜心体道,默契于中,笃志力行,不言而信者也。言语者,善为辞令者也。政事者,达于为国治民之事者也。文学者,学于诗、书、礼、乐之文,而能言其意者也。盖夫子教人,使各因其所长以入于道,然其序则必以德行为先。诚以躬行实造,具体圣人,学之所贵,尤在于此,非若三者各为一事之长而已也。然程子犹以为游、夏所谓文学,固非秉笔学为词章者,学者尤不可以不知也。"(朱熹撰、黄珅校点,《四书或问》,上海:上海古籍出版社,合肥:安徽教育出版社,2001,页283。本文中,以下凡引该书只注书名及页码)

一个"学而时习之"。① 这就折射出朱熹也是从教和学的生活方式来理解孔门言行的。

其次,孔子门人言行是对《论语》所展现的生活世界的思考。《论语》所记之言能被传承下来并成为经典,自然不是信口开河,而是对为学、为仁、为教、为政等相关问题的深入思考。比如,孔子曰:"贤哉,回也！一箪食,一瓢饮,在陋巷。人不堪其忧,回也不改其乐。贤哉,回也！"(《雍也》)这既是对颜回人生境界的一种肯定,又体现了孔子以忧乐相对讨论贤的一种思想方式。孔子启发子贡曰:"予欲无言"(《阳货》)、"莫我知也夫"(《宪问》),这不仅是在向子贡传授知、言的具体方法,也是从知、言、行三方面来思考为教方式的一种探索。子夏曰"博学而笃志,切问而近思,仁在其中矣"(《子张》),所体现的是对学与仁关系的一种思考。子路曰:"千乘之国,摄乎大国之间,加之以师旅,因之以饥馑,由也为之,比及三年,可使有勇,且知方也。"以具体的施政纲领明其志,而"夫子哂之"(《先进》),则暗示着为学、求仁与为政之间的某种内在联系。②

第三,孔子门人言行是朱熹毕生研究的主要内容。在朱熹看

---

① 门人沈僩录曰:"《论语》是每日零碎问。譬如大海也是水,一勺也是水。所说千言万语,皆是一理。须是透得,则推之其它,道理皆通。"又曰:"圣贤所说只一般,只是一个'择善固执之'。《论语》则说'学而时习之'。"(黎靖德编,王星贤校点,《朱子语类》第二册卷第十九《论孟纲领》,北京:中华书局,1994,页428。本文中,以下凡引该书只注书名、册卷数、篇名及页码)

② 对孔子门人言行后面思想内涵的把握,程子和朱熹都极为重视,反复强调。早在《论孟精义纲领》中,朱熹引程子曰:"传录言语,得其言未得其心,必有害。虽孔门亦有是患。如言昭公知礼,巫马期告时,孔子正可不答,其间必更有语言,具巫马期欲反命之意,孔子方言'苟有过,人必知之'。孔子答,巫马期亦知之,陈司败亦知之。"(朱熹撰,朱杰人、严佐之、刘永翔主编,《朱子全书》第七册《论孟精义纲要》,上海:上海古籍出版社,合肥:安徽教育出版社,2002,页17。本文中,以下凡引该书只注书名、册卷数、篇名及页码)

来,四书是六经之阶梯,而《论语》在四书的读书顺序中,排列第二。① 朱熹认为《论语》所说都是实事,②这些实事的背后都蕴含着深刻的思想内容。他不仅重视孔子之言,也关注门人之言,尤其留意孔子与门人之间、门人与门人之间的比较。③ 所以,他总是要求学者仔细阅读,反复玩味,深思而自得。④《论语集注》(以下简称《集注》)就经历了这样一个长期熟读玩味的过程。他先编《论语精义》(1172年成,以下简称《精义》),后编《论语或问》(1177年成,以下简称《或问》),再编《集注》。据他自己说,对于《论语》"自三十岁便下功夫",六十七八岁"还改犹未了",⑤前后经过"四十余年理会,中间逐字称等,不教偏些子"。⑥ 直至晚年,还通过书院教学、书信交流与门人学者反复讨论,实可谓"毕力钻研,死而

---

① 门人陈淳录曰:"《近思录》好看。《四子》,六经之阶梯;《近思录》,《四子》之阶梯。" 廖德明录曰:"学问须以《大学》为先,次《论语》,次《孟子》,次《中庸》。《中庸》工夫密,规模大。"《朱子语类》第七册卷一百五《论自注书》,前揭,页2629;第一册卷第十四《大学一》,前揭,页249)

② 门人李方子录曰:"《论语》不说心,只说实事。"甘节录作:"只就事实上说。"(《朱子语类》第二册卷第十九《论孟纲领》,前揭,页429)

③ 如门人程端蒙录曰:"圣人之言,虽是平说,自然周遍,亭亭当当,都有许多四方八面,不少了些子意思。若门人弟子之言,便有不能无偏处。如夫子言'文质彬彬',自然停当恰好。子贡'文犹质也,质犹文也',便说得偏。夫子言'行有余力,则以学文',自然有先后轻重。而子夏'虽曰未学,吾必谓之学',便有废学之弊。"(《朱子语类》第二册卷第十九《论孟纲领》,前揭,页435)

④ 《朱子语类》第十一、二卷《读书法》,第十九卷《论孟纲领》中,门人记录了朱熹大量此类言论,如曾祖道录曰:"某所集注《论语》,至于训诂皆子细者,盖要人字字与某看意看,字字思索到,莫要只作等闲看过了。"叶贺孙录曰:"问伊川说'读书当观圣人所以作经之意,与圣人所以用心'一条。曰:'此条,程先生说读书,最为亲切。今人不会读书是如何? 只缘不曾求圣人之意,才拈得些小,便把自意硬入放里面,胡说乱说。故教它就圣人意上求,看如何。'"《朱子语类》第一册卷第十一《读书法下》,页191;第二册卷第十九《论孟纲领》,前揭,页444)

⑤ 《朱子语类》第七册卷第一百一十六《训门人四》,前揭,页2799。

⑥ 还曾语吴仁父曰:"某《语孟集注》,添一字不得,减一字不得,公子细看。"又曰:"不多一个字,不少一个字。"《朱子语类》第二册卷第十九《论孟纲领》,前揭,页437)

后已"。①

第四,以孔子门人言行而不是单纯的概念为基本元素更容易进入《论语》的生活世界,进而深入其思想世界。无疑,单纯以概念为基本元素的逻辑建构也要通过言才能进入《论语》的思想世界,因为概念是通过言来表达的,但《论语》中经常会出现有其言而不显其意,无其言而有其意的现象。所以,单纯的逻辑方式所能得到的往往只是言表之意,失去的却是言外之意,最终导致逻辑短路。孔子为教,非常重视"言"的观察与思考,提出了"巧言"(《学而》、《公冶长》、《卫灵公》、《阳货》)、"讷言"(《里仁》)、"慎言"(《学而》、《为政》)、"切言"(《颜渊》)、"罕言"(《子罕》)、"雅言"(《述而》)等不同的言说类型,切言、慎言、雅言等是孔子提倡的言说方式,其所言往往有其言外之意需要去发掘。有意思的是,孔子所提倡的这些言说方式本身并没得到明确的界定。如果想以单纯逻辑的方式加以把握,可能很成问题。当然,我们也可以借助于训诂,但汉儒和清儒的实践证明这种方式在言意上的不成功。如果我们不是停留在言语中所包含的个别概念,并对它作孤立的理解,而是把它作为《论语》所呈现的整体生活世界紧密联系的一部分反复琢磨和体会,就可以从其它无其言之言中发现那有其言而无其意之意。比如有其言而无其意的"切言"之"切"的真意,就可以通过对类似于无其言的曾子之"唯"(《里仁》)的体验而获得。

但是,孔子门人言行毕竟只是本文研究的基本元素,而不是研究的主要对象,本文所要研究的是朱熹对这些言行的诠释。然《论语》所说千言万语,朱熹的诠释更是万语千言,究竟从何入手呢? 前文已指出,朱熹认为《论语》所反映的就是孔门的教学生

---

① 《朱子全书》第二十三册《文集》卷第五十九《答余正叔》,页2853。参见《四书章句集注·点校说明》,前揭,页1。

活。实际上,孔门教和学的生活也就是道的传承活动,教就是传,学就是承,教学就是传承;教是传道,学是承道,教学就是道的传承。《论孟精义自序》也指出:"《论》《孟》之书,学者所以求道之至要。"①《读论语孟子法》引程子曰:"读《论语》《孟子》而不知道,所谓'虽多,亦奚以为'。"《集注》开篇即言:首篇所记"乃入道之门"。② 如此,以道的传承为视角来研究朱熹对孔门言行的诠释也就顺理成章。

以道的传承为视角,自然就意味着需要从传承的理念、方式、目的和内容等方面来挖掘孔子门人言行中的思想内容,而孔子对门人所作的德行、言语、政事、文学的分科恰好提供了这些方面的素材。孔子称赞擅长于德行的颜回乐与贤,体现了道的传承理念;孔子传授擅长于言语的子贡知与言的具体方法,体现了道的传承方式;擅长于政事的子路以施政纲要言志,体现了道的传承目的;擅长于文学的子夏探讨学与仁的关系,则体现了道的传承内容。

然而,为什么要以道的传承为视角来研究朱熹对孔子门人言行的诠释,以上所提供的理由似乎还不是太充分,需要从以下三方面来补充:

首先,道的传承是朱熹特别担忧的问题。作为道学的集大成者、重建"三代治道"的积极追求者,③朱熹重新确立了自伏羲、神农、黄帝、尧、舜、成汤、文、武三王经孔子、曾子、子思、孟子、二程直至自己这样一个道的传承谱系。《中庸章句》提出子思作《中庸》的原因在于"忧道学之失其传",④ 实际上,子思之忧即朱熹之

---

① 《朱子全书》第七册《论孟精义自序》,前揭,页11。
② 《四书章句集注》《论语集注》卷一,前揭,页47。
③ "三代治道"即尧、舜和成汤、文、武三王治人之道。参见余英时,《宋明理学与政治文化·自序》,长春:吉林出版集团有限责任公司,2008,页3。
④ 《四书章句集注》《中庸章句》,前揭,页17。

忧。① 在朱熹看来，孔子以后的道学传承中，到孟子和二程有过两次断裂，这自然要引起他的特别关注，为什么孟子和二程无传②而孔子有传呢？为什么同属孔门的曾子有传而子贡、子夏等无传呢？《语类》第九十三卷《孔孟周程张子》和第一百一卷《程子门人》所辑录的关于孔子门人、孟子门人、程子门人的资质和为人为学特点的言论，就是对这些问题的深入思考。③ 朱熹诠释《论语》的主要动机也就是基于道之不传的现实。④

---

① 其实，这种担忧其他道学家也有，如程颐曰："周公没，圣人之道不行；孟轲死，圣人之学不传。道不行，百世无善治；学不传，千载无真儒。无善治，士犹得以明夫善治之道，以淑诸人，以传诸后；无真儒，则贸贸焉莫知所之，人欲肆而天理灭矣。"（《宋史》列传第一百八十六《道学一》）
② 门人沈僩录曰："直至程子方略明得四五十年，为得圣人之心。然一传之门人，则已皆失其真矣。"门人郑可学录曰："以某观之，二先生衣钵似无传之者。"（《朱子语类》第六册卷第九十三《孔孟周程张子》，前揭，页 2356；第七册卷第一百一《程子门人》，前揭，页 2557）
③ 门人沈僩所录朱熹以下一段对话有一定的代表性："看来人全是资质。韩退之云：'孔子之道大而能博，门弟子不能遍观而尽识也，故学焉而皆得其性之所近。'此说甚好。看来资质定了，其为学也只就他资质所尚处，添得些小好事而已。所以学贵公听并观，求一个是当处，不贵徒执己自用。今观孔子诸弟子，只除了曾、颜之外，其它说话便皆有病。程子诸门人，上蔡有上蔡之病，龟山有龟山之病，和靖有和靖之病，无有无病者。"或问："也是后来做工夫不到，故如此。"曰："也是合下见得不周遍，差了。"又曰："而今假令亲见圣人说话，尽传得圣人之言不差一字，若不得圣人之心，依旧差了，何况犹不得其言？若能得圣人之心，则虽言语各别，不害其为同。如曾子说话，比之孔子又自不同。子思传曾子之学，比之曾子，其言语亦自不同。孟子比之子思又自不同。然自孔子以后，得孔子之心者，惟曾子、子思、孟子而已。后来非无能言之士，如扬子云《法言》模仿《论语》，王仲淹《中说》亦模仿《论语》，言愈似而去道愈远。直至程子方略明得四五十年，为得圣人之心。然一传之门人，则已皆失其真矣。云云。其终卒归于'择善固执'，'明善诚身'，'博文约礼'而已，只是要人自去理会。"（《朱子语类》第六册卷第九十三《孔孟周程张子》，前揭，页 2355—2356）
④ 其实，这一点从《论孟精义自序》、《论孟精义纲要》到《论语序说》都可以看得很清楚。《论孟精义自序》明确著作动机为"明圣传之统"："《论》《孟》之书，学者所以求道之要，古今为之说者，盖已百有余家。然自秦汉以来，儒者类皆不足以与闻斯道之传，其溺于卑近者，既得其言而不得其意，其骛于高远者，则又支离踳驳，或乃并其言而失之，学者益以病焉。宋兴百年，河洛之间有二程先生者出，然（转下页）

第二，根据道的传承视角从孔门言行中挖掘出来的思想内容具有丰富的哲学内涵。如前文已经提到的乐与贤、知与言、志与政、学与仁等所涉及的都是具有普遍意义的哲学问题，乐与贤所涉及的是人生态度与人生境界问题，知与言所涉及的是道的认知与言说问题，志与政所涉及的是道的实践问题，学与仁所涉及的是知识与德性的问题，对这些问题的思考恰好与朱熹"主敬以立其本，穷理以致其知，反躬以践其实"的学问纲领又基本一致。这些思考与道的传承密切相关，可以说，在一定的意义上，如果没有道的传承这一因素，就不会有朱熹关于乐与贤、知与言、志与政、学与仁的哲学思考。

第三，目前研究朱熹思想的名家很多，但选择从道的传承角度来研究朱熹思想、尤其是研究朱熹对孔子门人言行的诠释的学者很少。冯友兰先生以道学名朱熹之学，认为其集"以前道学家之大成"(《中国哲学史》下，1934)，但他不是从道学传承角度，而是运用现代逻辑学的成就来研究朱熹之"形上学"。陈荣捷先生的《朱子道统观念之哲学性》(1968)[①]首次阐发道统的哲学性质，但其所阐发的只是理学观念之进展。[②] 余英时先生《朱熹的历史世界》(2004)对"道学"、"道统"、"道体"作了仔细的辨析，但只是

(接上页注④)后斯道之传有继。……然则是书之作，其率尔之消，虽不敢辞，至于明圣传之统，成众说之长，折流俗之谬，则窃亦妄意其庶几焉。"《论孟精义纲领》则反复比喻孔、颜、孟的源流关系："明道先生曰：'仲尼，元气也。颜子，春生也。孟子并秋杀尽见。仲尼无所不包，颜子示不违如愚之学于后世，有自然之和气，不言而化者也。孟子则露其才，盖亦时焉而已矣。'"(《朱子全书》第七册，前揭，页11、15)《论语序说》讲的也是这种道的传承关系。

① 《东西文化》，1968(15)。
② 陈荣捷先生关于朱熹道统观的探讨文章还有《朱熹集新儒学之大成》所讨论的第二个问题"道统观念之完成"(《哲学与文化》第8卷，第8期，1981年；《朱学论集》，台北：台湾学生书局，1982)、《新道统》(《朱子新探索》，台北：学生书局，1988)。此外，刘述先《朱子哲学思想的发展与完成》第八章《道统之建立与朱子在中国思想上地位之衡定》(1982)也对朱子道统观给与了关注。

用来说明宋代的政治文化。台湾国立政治大学中国文学系的陈逢源副教授著有《朱熹论孔门弟子——以〈四书章句集注〉征引为范围》(2006)，①作者注意到很少有人注意的朱熹对孔子门人的特别关注，从道之"传"来检视朱熹对孔门弟子的分析，尤其重点讨论了朱熹如何钟爱颜、曾以及曾子何以有传的问题，但没有具体从道的传承理念、方式、目的和内容等方面展开研究，更不关心朱熹通过对孔子门人言行的诠释所呈现的思想内容和思想方式。②

本文的研究方法分两个层次。第一层次是面向《论语》的生活世界，挖掘孔门言行的思想内涵；第二层次是，面向朱熹诠释的三大语境，揭示朱熹对孔门言行的反思及其思想方式。

这两个层次的方法基于陈少明老师近年所倡导的哲学地反思经典思想世界生活经验的方法。这一方法对经典作不以范畴研究为中心的哲学性探究，直接面向经典世界的生活方式，把观念置于具体的背景中去理解；或者更进一步从其中发掘未经明言而隐含着的思想观念，进行有深度的哲学反思。该方法主要有六个要点：要点一，这种反思所排斥的只是以范畴研究为中心，并不排斥对古典范畴的研究，它主张把这些范畴融入具体的经验，更主张对从古典生活经验中发掘出来的思想观念进行哲学反思。要点二，经典世界的生活经验，主要通过经典文本中由具体人、事、物构成的叙事来呈现。要点三，经典叙事的诠释要成为哲学的，必须凸现作为哲学存在基础的思想方式，它包括相关语句的陈述在逻辑上的可理解性、探索性的研究和解释性或规范性的知识功能等三个方面，其中探索性研究是关键环节。要点四，在中国的经典解释传统中，哲理主要存在于原典中，而哲学则多发展在解释性的作品中，前者是源，而后者是流。要点五，哲学不只是

---

① 《文与哲》，2006(8)，页 279—310。
② 文后的"文献综述"有专门介绍。

经验通往理论的单行道,而是实践与理论双向沟通的桥梁,是具体与抽象的双向通道。要点六,想象在中国哲学创作中有三个方面的作用:想象古典生活世界的经验,对以想象的方式所呈现的观念的理解,对各种抽象概念(包括哲学或不太哲学的)所指涉的可能经验内容的想象。①

需要指出的是,哲学地反思经典思想世界生活经验的方法与朱熹诠释孔子门人言行的方法有契合之处。朱熹答门人问时对自己所使用的方法有一描述:"圣人教人,只是个《论语》。汉魏诸儒只是训诂,《论语》须是玩味。今人读书伤快,须是熟方得。"曰:"《论语》莫也须拣个紧要底看否?"曰:"不可。须从头看,无精无粗,无浅无深,且都玩味得熟,道理自然出。"曰:"读书未见得切,须见之行事方切。"曰:"不然。且如《论语》,第一便教人学,便是孝弟求仁,便戒人巧言令色,便三省,也可谓甚切。"②所言"甚切",表明朱熹把《论语》当作生活世界来理解;所说"玩味",其实也包括反思。

本文所使用的方法,与其他朱熹研究所采用的方法相比,不同之处在于面向朱熹诠释《论语》的三大语境。

朱熹诠释《论语》,有《或问》、《集注》和《语类》三个不同的文本,此前还编有《精义》。《或问》是要"学者识取正意。观此书者,当于其中见得此是当辨,此不足辨,删其不足辨者,令正意愈明白可也"。③《集注》则"做出注解与学者省一半力";有时则引而不发,让学者自己去玩味。④《语类》记录了朱熹关于孔子门人言行

---

① 参见陈少明老师《经典世界中的人、事、物》中收录的相关论文:〈中国哲学史研究和中国哲学创作〉、〈立言与行教:重读〈论语〉〉、〈经典世界中的人、事、物〉、〈什么是思想史事件〉(陈少明,《经典世界中的人、事、物》,上海:上海三联书店,2008)。
② 《朱子语类》第二册卷第十九《论孟纲领》,前揭,页434—435。
③ 《朱子语类》第八册卷第一百二十一《训门人九》,前揭,页2928。
④ 《朱子语类》第二册卷第十九《论孟纲领》,前揭,页438、440。

的大量讨论与答问。按照传统的观点,在这三者之中,《集注》最为可靠,其依据是前文提到的前后四十年功夫;《语类》次之,其根据是黄榦、李道传、李光地、王懋竑等人"记录之语未必得师传之本旨"之类的评价;①《或问》又次之,其根据是朱熹晚年答门人问所提到的《或问》"不须看"的结论。②

其实,是否可靠,要看采用的是什么样的研究方法。如果按照某种曾经甚为流行的做法,首先逻辑地建构一套观点体系,然后从原著中摘引某些概念和观点予以论证,那么《集注》可能是理想的征引对象。这种方法是靠征引对象的可靠性来保障自己观点的真理性。但是,如果真的深入到《集注》这一经典世界,征引者可能会失望地发现它未必真的有那么可靠。因为,《集注》继承了《论语》的言说特点,很多情况下会采取"慎言"(不敢尽其所有余)和"切言"(其言若有所忍而不易发)的方式,还有一些情况下更是引而不发,让学者自己去玩味。诸多更为深刻的思想内涵都没有明确得到表达,其可靠性无疑就打了折扣。

如果把《或问》、《集注》、《语类》当作三种不同的对话语境,情况就会发生变化。根据上文朱熹的叙述,《或问》的主要工作实际

---

① 黄榦为池州刊《朱子语录》作序时提到"记录之语,未必得师传之本旨"。后来他又写信给该书的编辑者李道传说:"不可以随时应答之语,易平生著作之书。"清代李光地在奉旨编纂的《朱子全书》凡例中说:"《语类》一篇,系门弟子记录,中间不无讹误冗复,杂而未理。"王懋竑也说:"《语类》中杨方、包扬两录,昔人已言其多可疑,而其他录讹误亦多,即以同闻别出言之,大意略同而语全别,可知各记其意而多非朱熹本语矣。程子《遗书》,朱熹谓其传诵道说,玉石不分,况《朱子语类》十倍于程子,后人但欲以增多为美,而不复问其何人,安可尽信耶。"(《朱子语类》第一册《朱熹与朱子语类》,前揭,页 8—9)
② 甘节录曰:"张仁叟问《论语或问》。曰:'是五十年前文字,与今说不类。当时欲修,后来精力衰,那个工夫大,后掉了。'"胡泳录曰:"先生说《论语或问》不须看。请问,曰:'支离。'"(《语类》第七册卷第一五《论自注书》,页 2630)1197 年答张元德曰:"《论语集注》后来改定处多,遂与《或问》不甚相应,又无功夫修得《或问》,故不曾传出。今莫若且就正经上玩味,有未适处,参考《集注》,更自思索为佳,不可恃此未定之书,便以为是也。"(《朱子全书》第二十三册《文集》卷六十二,前揭,页 2988)

上是通过设问,对宋儒关于孔子门人言行的主要观点进行比较、鉴别和解释,其实质是与宋儒对话;①《集注》的主要工作是注经,其实质是与古人对话;《语类》所记录的是朱熹的传道言行,其实质就是与门人对话。

这三类对话语境对道的传承而言各自发挥着不可替代的作用。通过与宋儒的对话,把握到宋儒对孔门言行理解的精华,也就是全面了解同时代人的思想动态,把握同时代人的思想内容和思想方式。② 通过与古人的对话,充分了解古人的生活世界及其思考的问题和解决方式,并根据今人的生活经验,寻求新的解决方式。为此,朱熹特别强调切问近思。③ 通过与门人对话,使经典的思想世界回到现实生活的空间,一方面,门人平常"深思而自得"的积累可以进一步得到"就有道而正"(《学而》)的机会;另一方面,朱熹的思想也可以获得更为自由的形式,那些慎言、切言甚至引而不发之言往往也能得到适度的表达。更为重要的是,门人的求教和追问,也使朱熹获得了很多对经典与自己的注释进一步深入思考的机会。于是,一些新的思想就在这样一种对话中得以产生。④

---

① 也有少数直接设问解释经文的例外情况,如《论语或问》卷十一《先进第十一》"侍坐"章。
② 正是在这一意义上,朱熹特别重视《论语精义》,门人叶贺孙录曰:"集义多有好处,某却不编出者,这处却好商量,却好子细看所以去取之意如何。须是看得集义,方始无疑。某旧日只恐集义中有未晓得义理,费尽心力,看来看去,近日方始都无疑了"(《朱子语类》第二册卷第十九《论孟纲领》,前揭,页 439)。
③ 《读论语孟子法》引程子曰:"学者须将《论语》中诸弟子问处便作自己问,圣人答处便作今日耳闻,自然有得。虽孔孟复生,不过以此教人。若能于《语》《孟》中深求玩味,将来涵养成甚生气质!""凡看《语》《孟》,且须熟读玩味。须将圣人言语切己,不可只作一场话说。人只看得二书切己,终身尽多也。"(《四书章句集注》,前揭,页 44)
④ 参见贾德讷《宋代的思维与言说方式》一文对语录的言说方式与创新的分析(田浩 Hoyt Cleveland Tillman 编、杨立华、吴艳红等译:《宋代思想史论》,北京:社会科学文献出版社,2003,页 396)。

如此,《或问》、《集注》和《语类》三者就构成为朱熹思想创新不可或缺的重要环节。从这样一种三位一体结构来看,《或问》不是"不须看",而是如何看的问题,否则就无法理解《集注》之所"集"的根据;《语类》不是"未必得师传之本旨",而是朱熹思想创新之源泉。

本文将以上述方法为原则,以道的传承为视角,从颜回之乐与贤、子贡之知与言、子路之志与政、子夏之学与仁四个方面来论述朱熹对孔子门人言行的诠释。

一、颜回之乐与贤。既然以道的传承为视角,文章就得从道的传承入手。宋儒希圣希贤,周敦颐"志伊尹之所志,学颜子之所学",①张载要"为去圣继绝学",②程颐探颜子所好何学,希望与皇帝"同治天下",③试图实现道学与治道的统一。孔门弟子中德行科排第一的颜回,恰好为此提供了分析的素材。颜回虽然早死,宋儒都把他作为孔门的得道者。如果周敦颐所注重的还只是其内圣的形象,那么程、朱尤其是朱熹则着力把他塑造成内外兼修的典型。④ 也许正是出于这样一种考虑,宋儒都特别关注孔颜之乐的问题。朱熹正是通过对颜回所乐何事、颜乐的言说、颜乐与他乐的区别,颜回之贤与颜回之乐的内在关联等问题的探讨,尤其是对其中乐道与安贫乐道等问题的思考,完成了颜回新形象的塑造。正是在这里,展示了三种不同诠释语境中创造性地探索

---

① 周敦颐《通书·志学第十》。
② 《张载集·拾遗·近思录拾遗》。
③ 程颢、程颐著,王孝鱼点校:《二程集》下《河南程氏经说》卷第二,北京:中华书局,2004年,页1305。本文以下凡引该书,只注书名、册卷数、篇名及页码。
④ 程颐《颜子所好何学论》认为颜子所好的是"学以至圣人之道",即尧舜之道。朱熹则把"德行"解释为"得之于心而见于行事者也";"德行是个兼内外、贯本末、全体底物事,那三件,各是一物见于用者也"(《朱子语类》第三册卷第三十九《先进篇上》,前揭,页1010)。《四书或问》也认为德行是"潜心体道,默契于中,笃志力行,不言而信者也"(《四书或问》,前揭,页283)。

"乐道"问题的生动画面,也正是在通过道联结颜贤与颜乐的工作中,展示了朱熹乐于现实,又能超越现世中那些被当作苦谛或者被认为是必须避之若浼之因素的人生智慧。同时,颜回被重塑的内外兼修新形象也表明:要实现道的传承理念,必须对传承方式、传承目的和传承内容有合适的把握;要获得颜乐达到颜贤,必须对知与言、志与政、学与仁有全面的思考。

二、子贡之知与言。一般而言,在一个信仰共同体中,知、言是承、传道的基本方式,所以朱熹对其予以特别的关注。他认为在孔子门人中,除了颜回,数子贡最为"颖悟"和"俊敏",[1]既"善观圣人",又"善言德行";[2]但同时也注意到,孔门弟子中,除了得道的颜回早死以外,只有生性鲁钝、拙于知言的曾子有传,而生性颖悟、擅长于知言的子贡反而无传,这一现象不能不引起朱熹的思考。通过对《学而》篇"告往知来"、《阳货》篇"天何言哉"、《雍也》篇"博施济众"与《宪问》篇"莫我知"之叹的解读,发现子贡在知、言方面存在诸多问题,从而提出了从前辈学人的言语和经验世界中获知的两条途径,"慎言"、"切言"和"雅言"三种言说方式以及知、言、行三者相互作用的机理。

三、子路之志与政。儒家知识分子的志向自然是治国安邦,子路作为以政事著称的圣门高弟,在行上具有很多优秀品格,博得朱熹的高度评价,但由于其对道的不见、不明、不达,在学政关系上的"失先后本末之序",从而导致求仁者杀身都未能成仁的悲剧。朱熹通过子路言志时的"其言不让"、夫子的"喟然一叹"以及

---

[1] 《集注》曰:"盖孔门自颜子以下,颖悟莫若子贡。"(《四书章句集注》《论语集注》卷十,页188)沈僩录曰:"子贡俊敏,子夏谨严。孔子门人自曾、颜而下,惟二子,后来想大故长进。"(《语类》第六卷第九十三《孔孟周程张子》,页2354)"圣门自曾、颜而下,便须逊子贡。如冉、闵非无德行,然终是晓不甚得,担荷圣人之道不去。所以孔子爱呼子贡而与之语,意盖如此。"(《朱子语类》第二册卷第二十八《公冶长》上,前揭,页720)

[2] 《四书章句集注》《论语集注》卷一引谢良佐,前揭,页51。

对程颐"亚于浴沂"、"勇于义者"评价的分析,凸现出子路在知见、学上的不足,并引发出关于学与政、志与政的思考。

四、子夏之学与仁。在讨论颜乐的本源时,朱熹明确提出"唯仁故能乐";①在探索达到颜乐的途径时,也非常肯定地得出"学者但当从事于博文约礼之诲,以至于欲罢不能而竭其才"的结论,②其中的"博文"之"文"就是学。这表明在学和仁之间有着某种内在的关联。那么,这是一种什么样的关联呢?以文学著称的子夏提出过一个命题:"博学而笃志,切问而近思,仁在其中矣。"朱熹认为,孔门弟子中"得知之深"③的子夏虽然在小学方面能坚持洒扫应对,在大学方面能与孔子论诗而知学,但"仁在其中"的论断充分体现了他的促狭之弊。单纯以知言仁表明其在学与仁之间的偏狭;在孝敬父母实践上表现出来的"爱不足",又为其在传道方面存在的局限作了注解。

总之,本文以道的传承为视角,通过朱熹对孔门"四科"典型代表人物颜回、子贡、子路、子夏言行的诠释,来研究朱熹的思想及其思想方式,应该是对传统朱熹研究乃至宋明理学研究的一个重要补充,其重要性也许表现在这种研究更贴近生活,更能彰显宋明儒学的实践性格,更接近中国传统哲学的表达方式。

---

① 《朱子语类》第三册卷第三十一《雍也篇二》,前揭,页801。
② 《四书章句集注》《论语集注》卷三,前揭,页87。
③ 《朱子语类》第二册卷第二十六《里仁篇上》,前揭,页643。

第一章　颜回之乐与贤

颜回之乐与贤皆出自《论语·雍也》孔子对颜回的评价："贤哉回也，一箪食，一瓢饮，在陋巷，人不堪其忧，回也不改其乐，贤哉回也。"这一评价首尾两赞颜回之贤，其间所道则为颜回之乐，意思非常明白，在颜贤与颜乐之间存在着某种内在的联系。寻颜回所乐，是道学家"口传心受的当亲切处"，①用今天的话来说，是"宋明理学的重大课题"②之一。周敦颐最早给程氏兄弟提出这一问题。程颢曰："昔受学于周茂叔，每令寻仲尼、颜子乐处，所乐何事？"③程颐曰："昔吾受《易》于周子，使吾求仲尼、颜子之所乐。要

---

① 《朱子全书》第二十一册《文集》卷三十《与汪尚书己丑》，前揭，页 1305。
② 陈来，《宋明理学》，上海：华东师范大学出版社，2004，页 34。冯友兰先生认为"这个乐从何而来？这是道学的一个大问题"。"从理论上回答了这个问题，这就是懂得了道学。从实践上回答了这问题(不仅知道有这种乐，而且实际感到这种乐)，这就进入了道学家所说的'圣域'"(《中国哲学史新编》下卷，北京：人民出版社，1986 年，页 138)。
③ 程颢、程颐著，王孝鱼点校：《二程集》上《河南程氏遗书》卷第二上，北京：中华书局，2004 年，页 16。本文以下凡引该书只注书名、册卷数、篇名及页码。

哉此言！二三子志之！"①但不管是老师还是学生，都没能对这一问题做出明确回答。在颜回之乐备受青睐的同时，颜回之贤也同样得到道学家们的关注，程颐就试图以颜子的"不改其乐"来说明孔子贤颜回的原因："颜子之乐，非乐箪瓢陋巷也，不以贫窭累其心而改其所乐也，故夫子称其贤。"②其实，《论语》中最能体现颜回特点的除了其贤和乐外，还有其所好（hào），③但孔子言颜回之好时，不曾言其贤；而言其贤时，也从不言其好。这种只从其所乐而不从其所好论颜回之贤的方式，似乎暗示可能还有某种更为深刻的寓意需要发掘。所以，如果当初胡瑗以"颜子所好何学"试太学诸生后，能有人提出"颜子所乐何事"或"圣人何以贤颜子"的问题，也许同样会有价值。真正去解读孔子寓意，并对颜乐给出明确答案、对颜乐与颜贤的联系做出明确说明的则是朱熹。不管是《或问》《集注》，还是与门人的讨论、与师友和学生的通信，都对颜乐与颜贤予以特别的关注。所以，在前贤讨论的基础上，朱熹所得出的颜回之所乐及其思考方式、言说方式、颜回之乐与他人之乐的区别、颜乐与颜贤的联系，就是本章所要探讨的主要内容。当然，最终的目的则在于试图从道的传承理念这一视角，揭示朱熹关于颜乐与颜贤的思想内容及其思考方式。

一、所乐何事

尽管周、程对于颜回所乐何事没有给出一个明确的说法，但并不意味着他们没有深入地思考。

---

① 《二程集》下《河南程氏粹言》卷第一，前揭，页1203。
② 《二程集》下《河南程氏经说》卷第六，前揭，页1141。此外，做这种探讨的还有杨时和尹焞，参见《朱子全书》第七册《论语精义》卷第三下，前揭，页216。
③ 《论语》《雍也》篇和《先进》篇两次赞许颜回好学。

周敦颐的《通书》讨论了这一问题。《通书·颜子》曰:"颜子一箪食,一瓢饮,在陋巷,人不堪其忧,而不改其乐。夫富贵,人所爱也,颜子不爱不求而乐乎贫者,独何心哉?天地间有至贵至富、可爱可求而异乎彼者,见其大而忘其小焉尔。见其大则心泰,心泰则无不足,无不足则富贵贫贱,处之一也;处之一则能化而齐,故颜子亚圣。"《通书·富贵》曰:"君子以道充为贵,身安为富,故常泰无不足,而铢视轩冕、尘视金玉,其重无加焉尔。"①他用尘世间的至富至贵、可爱可求(小)类比颜回所乐者(大),②突出颜回所乐者(大)对尘世至富至贵(小)的超越性(见其大而忘其小),并指出正是这种超越性,才使颜回在贫贱与富贵、锱铢与轩冕、尘土与金玉之间能"处之一"、"化而齐",也正因为如此,颜回在面对贫困时才不会妨碍他也有乐。周子的理解是有启发性的,他暗示颜回之乐与知见相关,既存在于现实之中,又超越于现实。至于所乐究竟为何事,有待二程自己领悟和体贴。

二程领悟体贴到了什么呢?程颢曰:"颜子在陋巷,'人不堪其忧,回也不改其乐。'箪瓢陋巷非可乐,盖自有其乐尔。'其'字当玩味,自有深意。"③明道从中悟到的是一个"其"字,但这个"其"究竟是什么味,他也没有说破。程颐和其门人鲜于侁关于颜回之乐有一段对话:"鲜于侁问伊川曰:'颜子何以能不改其乐?'正叔

---

① 《周敦颐集》《通书·颜子第二十三》、《通书·富贵第三十三》,北京:中华书局,1990,页 31、38。

② 淳熙十四年丁未(1187)朱熹《通书注》解《颜子二十三》曰:"所谓'至富至贵、可爱可求',即周子之教程子'每令寻仲尼、颜子乐处,所乐何事'者也。然学者当深思而实体之,不可但以言语解会而已。"(《朱子全书》第十三册《通书注》,页 120)这里需要说明一下朱熹解《颜子二十三》的时间问题:据王懋竑于乾道九年癸巳(1173)"夏四月……《通书解》成"(《朱熹年谱》卷之一,北京:中华书局,1998,页 59),束景南纠正了这一错讹(《朱熹年谱长编》卷上、下,上海:华东师范大学出版社,2001,页 489、872)。但《朱子全书》将"淳熙十四年"错印为"淳熙八年"(《朱子全书》第十三册《通书注》《校点说明》,前揭,页 89)。

③ 《二程集》上《河南程氏遗书》卷第十二,前揭,页 135。

曰：'颜子所乐者何事？'佑对曰：'乐道而已。'伊川曰：'使颜子而乐道，不为颜子矣。'"①这就是所谓的伊川答鲜于佑问。

伊川对鲜于佑"乐道"之说的否定，并没影响程门弟子继续探讨颜乐的热情，门人范祖禹、吕大临、谢良佐、杨时等纷纷提出了自己的看法：

> 范曰："颜渊之乐，一箪瓢不损，虽得天下亦不加焉，其所学者道也。富与贵是人之所欲也，贫与贱是人之所恶也。颜子岂乐夫陋巷哉？处贫贱而不变，则富贵亦不能移矣。夫处贫贱而能乐，则处富贵而能忧。博施济众，修己以安百姓，尧舜犹以为病，此富贵之忧也。"
>
> 吕曰："礼义悦心之至，不知贫贱富贵可为吾之忧乐。"
>
> 谢曰："有所欲，不得所欲则不乐。回也心不与物交，故无所欲，无不得其所欲，此所谓天下之至乐。于此将以求颜子之用心果何所在，且不可得，而况改其乐欤？"
>
> 杨曰："居天下之广居，其乐孰加焉？岂陋巷箪瓢之贫能改之哉！故夫子贤之。学者知颜渊之所以乐，则可与入德矣。"②

《或问》设计了第一个问题"或问颜乐之说"，对明道引而不发之言以及其门人的上述观点分别作了点评：

> 程子之言详矣，然其言皆若有所指者，而卒不正言以实之，所谓引而不发跃如也，学者所宜详味也；若必正言以实之，则语滞而意不圆矣。范氏疏浅，类非所以语颜子，然其富

---

① 《二程集》上《河南程氏外书》卷第七，前揭，页395。
② 《朱子全书》第七册《论语精义》卷第三下，前揭，页215－216。

贵能忧之说,则亦得乎言外之意也。吕氏以理义悦心言之,尤非所以语颜子者。谢氏心不与物交之说,求颜子用心所在而不可得之说,则又流而入于老、佛之门者耳。独杨氏之说,为庶几乎程子者耳!①

不难看出,程门弟子的观点被朱熹分为三类:第一类为"正言以实之"方式言颜乐者,被朱熹指为"语滞而意不圆",如断言颜回所乐只是所学之道的范祖禹;第二类是以老、佛方式言颜乐者,被朱熹指为"流而入于老、佛之门",如认为颜回之乐是乐在"心不与物交"、"求颜子之用心果何所在"就"不可得"的谢良佐;第三类是以引而不发方式言颜乐的杨时,被朱熹称为"庶几乎程子者耳"。

无疑,在朱熹看来,程门弟子对颜乐问题的思考创获不多。不过朱熹对伊川答鲜于侁问给与了特别的关注,《或问》的第二个问题就是专为此而设:

曰:然则程子答鲜于侁之问,其意何也?曰:程子盖曰颜子之心,无少私欲,天理浑然,是以日用动静之间,从容自得,而无适不乐,不待以道为可乐然后乐也。若范氏、吕氏之说,盖皆未免乎侁之弊。而王公信伯论之,则又以为心上一毫不留,若有心乐道,则有著矣,道亦无可乐,庄子所谓"至乐无乐"是也。② 以是为说,则又流于异端之学,而不若乐道之虽浅而犹有据也。彼其及门升堂,亲受音旨,而其差失有若此

---

① 《四书或问》,前揭,页220。
② 王公信伯即伊川门人王苹,他与其门人关于颜回之乐的问答为:"伊川言颜子非乐道,则何所乐?"曰:"心上一毫不留,若有所乐,则有所倚。功名富贵固无足乐;道德性命亦无可乐。庄子所谓'至乐无乐'。"(见《宋元学案》卷二十九《震泽记善录》,页1049)

第一章 颜回之乐与贤

者,而况于后世之传闻者哉!①

朱熹对伊川答问的理解有三点值得注意:一是发掘伊川答问背后的思想内涵,从正面阐述颜回之乐是一种"日用动静之间"的乐。②二是给出"佚之弊"这一评价。认为"佚之弊",就是把颜回之乐理解为"以道为可乐然后乐",这实际上是把道作为一个可乐的对象来乐,把心与道分为二,范祖禹的乐所学之道就属于此类。三是在阐述伊川弟子王苹③对于"乐道"的庄禅化解释后得出结论:"以是为说,则又流于异端之学,而不若乐道之虽浅而犹有据也。"这个"据"指的是什么,朱熹在这里没有说。虽然为了避免"语滞而意不圆",朱熹谨遵程子的"引而不发",但"乐道之虽浅而犹有据"的论断却预示着,如何以某种方式恰当地使这一根据及其内容得以呈现,将是需要朱熹去面对的一个问题。这一问题的难点在于,在提供"乐道之据"的同时,必须遵守明道"引而不发"的原则,又要克服"佚之弊",还要消除关于"乐道"的庄禅化倾向。

尤其值得注意的是,朱熹对伊川答鲜于侁问的庄禅化理解特别警惕。其所编《河南程氏外书》卷第七录伊川答鲜于侁问后有伊川私淑弟子邹浩④对伊川的评价:"夫人所造如是之深,吾今日

---

① 《四书或问》,前揭,页 220。
② 朱熹这一阐释绝非仅仅如黄式三《黄氏后案》所言"朱熹于《或问》曲护程说"(《论语集释》第一册卷二引,页 387),其主要的目的在于是在清理思想,捍卫儒学的立场,这一点在后文的论述中将会更为明确。
③ 清人全祖望对王苹(字信伯)有一按语:"信伯极为龟山所许,而晦翁最贬之,其后阳明又最称之。予读信伯集,颇启象山之萌芽。其贬之者以此,其称之者亦以此。象山之学,本无所承,东发以为遥出于上蔡,予以为兼出于信伯。"朱熹对王苹的评价是:"不过一识伊川之面,而所记都差。"(《宋元学案》卷二十九《震泽学案》,前揭,页 1047—1048)
④ 据《宋元学案·忠公邹道乡先生浩》:"邹浩,字志完……渊源伊洛,而特嗜禅理。"祖望谨案:"……晚乃游于杨文靖公、胡文定公之间,得伊川之传……未能不染于佛老之学。"(《宋元学案》卷三十五《陈邹诸儒学案》,前揭,页 1216—1217)

始识伊川面",朱熹在其后加了一份补充材料:

> 《胡文定公集》记此事云:安国尝见邹至完……在长沙再论河南二先生学术。至完却曰:"伊川见处极高。"因问何以言之?曰:"昔鲜于侁曾问:'颜子在陋巷,不改其乐,不知所乐者何事?'伊川却问曰:'寻常说颜子所乐者何?'侁曰:'不过是说颜子所乐者道。'伊川曰:'若说有道可乐,便不是颜子。'以此见伊川见处极高。"……又《震泽语录》云:伊川问学者,颜子所乐何事?或曰:"乐道。"伊川曰:"若说颜子乐道,孤负颜子。"邹至完曰:"吾虽未识伊川面,已识伊川心。何其所造之深也!"①

这份材料表明,伊川答鲜于侁问已被"未能不染于佛老之学"、"特嗜禅理"的邹浩作了曲解,"伊川见处极高"、"何其所造之深"的评价,体现出理解程子之言的庄禅化特征。② 后来朱熹在和门人评说湖湘学派时专门讲到"后人多因程子之言,愈见说得高远",③指的正是程门理解颜回之乐的这一特点。无怪乎对于前文所引王苹的异端之论,朱熹要发出感叹:"彼其及门升堂,亲受音旨,而其

---

① 《二程集》上《河南程氏外书》卷第七,前揭,页395—396。
② 冯友兰先生也注意到了这一现象,认为伊川"使颜子而乐道,不为颜子"这一说法"很像禅师的说法,所以朱熹编《二程遗书》时,不把这段语录编入遗书正文里,而把它编入《外书》里,似乎是编入'另册'"。不过冯友兰所得出的是"其实程颐的这个说法,倒是颇含真理"的结论(《中国哲学简史》,北京:北京大学出版社,1996年,页247)。关于《外书》材料的可靠程度,朱熹在《程氏外书后序》有过说明:"其曰《外书》云者,特以取之之杂,或不能审其所自来,其视前书,学者尤当精择而审取之耳。"(《朱子全书》第二十四册《文集》卷七十五,前揭,页3638—3639)对于程门弟子曲解程说的现象,《朱子语类》第六册卷第九十三《孔孟周程张子》、《朱子语类》第七册卷第九十七《程子之书三》、《朱子语类》第七册卷第一百一《程子门人》等记载有朱熹大量的论述。
③ 《朱子语类》第七册卷第一百一《程子门人》,前揭,页2589。

差失有若此者,而况于后世之传闻者哉!"

《或问》"贤哉回也"章的核心是讨论伊川答鲜于侁问,"乐道之虽浅而犹有据"的论断显然有些费解,《集注》对颜子所乐何事甚至"不敢妄为其说",并要求学者"深思而自得之"。① 门人自然都是谨遵师训去"深思",还自认都有所得,抓住每一当面求教的难得机会向老师"就有道而正之"。② 于是,朱熹在应对其门人的追问时,用言语作了大量的解释,还是有所发。伊川"使颜子以道为乐,则非颜子"的论断,不可避免地要成为讨论的焦点:

> 鲜于侁言,颜子以道为乐。想侁必未识道是个何物,且如此莽莽对,故伊川答之如此。必大。
>
> 问:"……窃意孔颜之学,固非若世俗之著于物者。但以为孔颜之乐在于乐道,则是孔颜与道终为二物。要之孔颜之乐,只是私意净尽,天理照融,自然无一毫系累耳。"曰:"然。但今人说乐道,说得来浅了。要之说乐道,亦无害。"道夫。
>
> 问:"伊川谓'使颜子而乐道,不足为颜子',如何?"曰:"乐道之言不失,只是说得不精切,故如此告之。今便以为无道可乐,走作了。"问:"邹侍郎闻此,谓'吾今始识伊川面',已入禅去。"曰:"大抵多被如此看。"可学。
>
> (直卿)又问:"'说乐道,便不是',是如何?"曰:"才说乐道,只是冒罩说,不曾说得亲切。"南升。
>
> 问:"程子谓:'使颜子以道为乐,则非颜子。'《通书》'颜子'章又却似言以道为乐。"曰:"颜子之乐,非是自家有个道,至富至贵,只管把来弄后乐。见得这道理后,自然乐。故曰'见其大,则心泰;心泰,则无不足;无不足,则富贵贫贱处之

---

① 《四书章句集注》《论语集注》卷三,前揭,页 87。
② 《论语·学而》。

> 一也。'"节。
>
> 直谓颜子为乐道,有何不可。盖卿。
>
> 或问:"程先生不取乐道之说,恐是以道为乐,犹与道为二物否?"曰:"不消如此说。且说不是乐道,是乐个甚底?说他不是,又未可为十分不是。但只是他语拙,说得来头撞。公更添说与道为二物,愈不好了。"焘。去伪录云:"谓非以道为乐,到底所乐只是道。非道与我为二物,但熟后便乐也。"①

从淳熙十六年己酉(1189)朱熹六十岁后②提出"要之说乐道,亦无害",至庆元五年己未(1199)朱熹七十岁断言"且说不是乐道,是乐个甚的?",期间朱熹与门人的讨论中,并没有对"乐道"有过否定性的意见,相反倒是对"乐道"予以充分的肯定:"要之说乐道,亦无害"(1189年后),"乐道之言不失"(1191年),"直谓颜子为乐道,有何不可"(1194年),"谓非以道为乐,到底所乐只是道","且说不是乐道,是乐个甚的"(1199年)等。而且随着时间的推移,这种肯定的语气也越来越强。

不仅如此,在与门人的讨论中,还涉及到《或问》提出的"乐道之据"的问题。先来看关于明道"其"字之深意的讨论:

> (直卿)又云:"伊川所谓'其'字当玩味,是如何?"曰:"是元有此乐。"南升。
>
> 问:"颜子'不改其乐',莫是乐个贫否?"曰:"颜子私欲克

---

① 《朱子语类》第三册卷三十一《雍也篇二》,前揭,页800、801、798、796、801、800、800—801。由于材料篇幅太大,不得已进行了剪辑。

② 其实从其它文献看,朱熹对"乐道"之说的肯定比这要早很多。淳熙三年丙申(1176)三月,朱熹给王莘"乐道有著"的"老佛绪余"所下按语中就曾指出:"程子之言,但谓圣贤之心与道为一,故无适而不乐。若以道为一物乐之,则心与道二,而非所以为颜子耳。"(见《朱子全书》第二十三册《文集》卷七十《记疑》,前揭,页3398)

尽,故乐,却不是专乐个贫。须知他不干贫事,元自有个乐,始得。"时举。①

朱熹以"元"解"其",认为颜回"元有此乐","元自有个乐",即一开始在本源上就有此乐。那么,颜回之乐的本源又是什么呢?在上面的引文中,也许朱熹的得意门生黄榦内心已经明白,所以没有继续对"元"追问,但他的另一门人却寻求过对"自"字的解释:

问"自有其乐"之"自"字。曰:"'自'字对'箪瓢陋巷'言。言箪瓢陋巷非可乐,盖自有其乐耳。"节。②

朱熹把"自"理解为内在,说明颜回之乐是内在于颜回自身的,是由颜回自身发出的。

从朱熹所论孔、颜之乐的区别中也可以发现一些新的信息:

圣人之乐,且粗言之,人之生,各具此理。但是人不见此理,这里都黑窣窣地。如猫子狗儿相似,饥便求食,困便思睡。一得富贵,便极声色之娱,穷四体之奉;一遇贫贱,则忧戚无聊。所谓乐者,非其所可乐;所谓忧者,非其所可忧也。圣人之心,直是表里精粗,无不昭彻,方其有所思,都是这里流出,所谓德盛仁熟,"从心所欲,不逾矩",庄子所谓"人貌而天"。盖形骸虽是人,其实是一块天理,又焉得而不乐! 又曰:"圣人便是一片赤骨立底天理。颜子早是有个物包裹了,但其皮薄,剥去容易。圣人一为指出这是天理,这是人欲,他

---

① 《朱子语类》第三册卷第三十一《雍也篇二》,前揭,页 796、794—795。
② 同上,前揭,页 798。

便洞然都得了。"夔孙。

　　孔颜之乐,大纲相似,难就此分浅深。唯是颜子止说"不改其乐",圣人却云"乐亦在其中"。"不改"字上,恐与圣人略不相似,亦只争些子。圣人自然是乐,颜子仅能不改。贺孙。①

朱熹认为,每个人生来都具有天理,一般人的天理被私欲所遮蔽,圣人却"是一片尺骨立底天理",颜回虽"早是有个物包裹了",但毕竟"天资纯粹",②"其皮薄,剥去容易",只要孔子稍加点拨,"他便洞然都得"。所以,"孔颜之乐,大纲相似,难就此分浅深"。这些论述虽然主要是讲孔颜之乐的区别,但其透出的信息似乎表明颜回之乐的本源即是生而具有的天理。但朱熹觉得"理气二字之于人生界,终嫌微有空阔不亲切之感",乃"以仁字释理气"③,这样,乐就是"德盛仁熟"而后乐。所以,朱熹还纠正了门人对伊川"颜子所乐者,仁而已"④的误读:

　　刘黻问:"伊川以为'若以道为乐,不足为颜子'。又却云:'颜子所乐者仁而已。'不知道与仁何辨?"曰:"非是乐仁,唯仁故能乐尔。是他有这仁,日用间无些私意,故能乐也。"⑤

不是乐仁,而是"唯仁故能乐",表明颜回之乐的本源就是具有生

---

① 《朱子语类》第三册卷第三十一《雍也篇二》,前揭,页797—798、797。
② 《朱子语类》第六册卷第九十三《孔孟周程张子》,前揭,页2353。
③ 钱穆,《朱子新学案》,成都:巴蜀书社,1986,页237。
④ 朱熹所选伊川原话为:"若颜子箪瓢,在他人则忧,而颜子独乐者,仁而已。"(《朱子全书》第七册《论语精义》卷第三下,前揭,页215)
⑤ 《朱子语类》第三册卷第三十一《雍也篇二》,页801。此条语录后没有录者姓名。但据方彦寿考证,刘黻确曾于绍熙三年(1192)和庆元五年(1199)前后两次从学朱熹(参见《朱熹书院门人考》,上海:华东师范大学出版社,2000,页167)。

生之意的仁。① 不管是生而具有的天理还是生生之意的仁,这大概就是朱熹所发挥的"其"字的深意。其中,"日用间无些私意"的描述值得注意。

门人袭盖卿录曰:

> 问:"昔邹道卿论伊川所见极高处,以为鲜于侁问于伊川曰:'颜子"不改其乐",不知所乐者何事。'伊川曰:'寻常道颜子所乐者何事?'曰:'不过说颜子所乐者道。'伊川曰:'若有道可乐,便不是颜子。'岂非颜子工夫至到,道体浑然,与之为一;颜子之至乐自默存于心,人见颜子之不改其乐,而颜子不自知也?"曰:"正谓世之谈经者,往往有前所说之病:本卑,而抗之使高;本浅,而凿之使深;本近,而推之使远;本明,而必使之至于晦。且如'伊尹耕于有莘之野,由是以乐尧舜之道',未尝以乐道为浅也。直谓颜子为乐道,有何不可。"②

显然,朱熹对门人问中提到的"颜子之至乐"很是不满意,于是通过揭示学者对卑、浅、近、明的经典作高、深、远、晦理解的现象,再次批判理解颜子之乐的庄禅化倾向。为此,朱熹甚至搬出《孟子·万章》中的"伊尹耕于有莘之野,由是以乐尧舜之道",借用"伊尹之乐"来说明"颜子之乐",不仅提供了"乐道"的经典依据,而且也揭示了这一依据的具体内容"尧舜之道"。③ 朱熹的证据似乎有比较强的说服力,因为提出"伊尹耕于有莘之野,由是以乐尧舜之

---

① 参见钱穆《朱子新学案·朱子论仁》上、下朱熹关于仁具生生之意的诸多论述。伊川同样也认为仁是具有生意:"心譬如谷种,生之性便是仁也。"(《二程集》上《河南程氏遗书》卷十八,前揭,页184)
② 《朱子语类》第三册卷三十一《雍也篇二》,前揭,页800。
③ 朱熹以《书·大禹谟》中的"人心惟危,道心惟微,惟精惟一,允执厥中"十六字概括"尧舜之道"(《朱子语类》第四册卷第五十八《万章上》,前揭,页1361—1362)。

道"的孟子同时也是"万物皆备于我,反身而诚,乐莫大焉"①的倡导者。既然倡导"反身而诚,乐莫大焉"的孟子都"未尝以乐道为浅",结论也就顺理成章:"直谓颜子为乐道,有何不可。"②当然必须明确的是,这一根据之所以为根据,不仅是因为其来自经典世界,更重要的是因为其来源于经典世界所反映的生活世界。

这样,"乐道之据"似乎有二:一为具有生生之意的仁,二是既来源于经典世界又来源于生活世界的尧舜之道。

二、颜乐之言说

从上文的论述中不难看出,"乐道"之所以成为问题,很重要的一个原因在于言说。言说的问题可以分为两个层次,一是要不要言说,二是如何言说。这两个层次的问题都比较复杂,要不要言说的复杂性表现在需要区分不同的言说语境,不能一概而论;如何言说的复杂性则在于言说的内容中包含有难以言说又必须言说的意义。

首先来看要不要言说的问题。

从上节的叙述可以看出,颜乐言说的语境主要有三:一是《或问》,二是《集注》,三是教学与讨论。就实际情况而言,《或问》之"乐道之虽浅而犹有据"说得谨慎,《集注》之"亦不敢妄为之说"谨遵程训,《语类》则对"乐道"之说基本肯定。那么,在不同的语境

---

① 《孟子·尽心上》。朱熹的这一引证正好与周敦颐相呼应。《通书·志学第十》曰:"圣希天,贤希圣,士希贤。伊尹、颜渊,大贤也。志伊尹之所志,学颜子之所学。"
② 据周谟于淳熙六年己亥(1179)后所录,朱熹在与门人谈论到湖湘学派时,也以同样的方式阐述了"乐道之有据":"后人多因程子之言,愈见说得高远,如是,则又不若乐道之为有据。伊尹'乐尧舜之道',亦果非乐道乎?"(《朱子语类》第七册卷第一百一《程子门人》,前揭,页 2589)

下,言说与不言说的理由何在呢?

《或问》的主要工作在于对宋儒关于孔子及其门人言行的主要观点进行比较、鉴别和解释,其中,不可避免地要对与之对立的佛老异端进行批驳。如前所述,《或问》"贤哉回也"章将宋儒关于颜乐的观点分为三类,其中,第二类是以老佛方式言颜乐者,如"自禅门来"①的谢良佐将颜回之乐理解为"心不与物交,故无所欲,无不得其所欲,此所谓天下之至乐";具有道家倾向的王苹则"以为心上一毫不留,若有心乐道,则有著矣,道亦无可乐,庄子所谓'至乐无乐'是也"。这两种观点的共同之处在于都否认了颜回之乐的现实性,朱熹自然不能坐视,批驳的最好方式当然是凸现颜回之乐的现实根据,所以朱熹曰:"以是为说,则又流于异端之学,而不若乐道之虽浅而犹有据也。"

《集注》的实质就是与圣人对话,对话的前提必须明白圣意,而圣言之意深潜,更须反复"玩味"②,否则就是以私见揣度圣意,从而远离圣人之心。③ 程子读经时就特别注重玩味:"《论》《孟》只

---

① 《朱子语类》第七册卷第一百一《程子门人》,前揭,页2555。
② 这是一种通过体验来获得经典意义的方法。参见黄俊杰先生《从儒家经典诠释史观点论解经者的"历史性"及其相关问题》,该文指出:"儒家经典的诠释工作是一种解释者与经典相互渗透、互为主体的一种解释活动,使经典诠释学成为一种身心体验之学,尤其宋明儒者之解经尤然。"(《台大历史学报》第24期,1999年12月,页6)另参:《孟学思想史论》(卷二)(台北:中央研究院,2001年),页255,页267。潘德荣教授《经典与诠释——论朱熹的诠释思想》一文也认为"强调体验在理解中的意义,是宋明理学的共同特征",并将朱熹的诠释目的理解为经文原义、圣人原意和读者所悟之意三个相互递进的层次(《中国社会科学》2002年第1期)。
③ 《朱子语类》《读书法》有大量相关论述,如曾祖道录曰:"以圣贤之意观圣贤之书,以天下之理观天下之事。人多以私见自去穷理,只是你自家所见,去圣贤之心尚远在!"甘节录曰:"读书以观圣贤之意;因圣贤之意,以观自然之理。"潘时举录曰:"读书之法,先要熟读。须是正看背看,左看右看。看得了,未可便说道是,更须反复玩味。"万人杰录曰:"大凡看文字:少看熟读,一也;不要钻研立说,但要反复体验,二也;埋头理会,不要求效,三也。三者,学者当守此。"黄榦曰:"圣览说出来底言语,自有语脉,安顿得各有所在,岂似后人胡乱说了也!"(《朱子语类》(转下页)

剩读着,便自意足。学者须是玩味。若以语言解着,意便不足。"①显然,"颜子所乐何事"就是属于这种"以语言解着,意便不足","学者须是玩味"的问题,明道云:"箪瓢陋巷非可乐,盖自有其乐尔。其字当玩味,自有深意。"②朱熹深受其影响,所以《集注》同样谨遵这一原则:③"程子之言,引而不发,盖欲学者深思而自得之。今亦不敢妄为之说。"④同时,这也体现了儒家传统的启发式传道特点,《论语·述而》曰:"不愤不启,不悱不发。"朱熹注曰:"愤悱,诚意之见于色辞者也。待其诚至而后告之。既告之,又必待其自得,乃复告尔。"⑤所以,《集注》在众多需要反复玩味的问题上提醒学者深思而自得。⑥

朱熹在书院的教学或与门人的讨论中,面对门人对当玩味的"其"字、乐道等问题的各种追问,往往无法回避,必须当面作答。所以,在教学与讨论的语境中,要不要言说的问题,就自然转换成

(接上页注③)第一册卷第十、十一,前揭,页 159、162、165、194)陈立胜老师对朱熹读书方法有深入的研究,参见《朱熹读书法:诠释与诠释之外》有关"圣书意识"的论述(李明辉主编,《儒家经典诠释方法》,上海:华东师范大学出版社,2008)。

① 《四书章句集注》《读论语孟子法》,前揭,页 44。
② 《二程集》上《河南程氏遗书》卷第十二,前揭,页 135。
③ 参见陈立胜老师《朱熹读书法:诠释与诠释之外》,该文总结出朱熹"虚心"、"耐心"、"退一步"的读书心态,并提出"朱熹的读书活动,在根本意义上是和读者本身的个体修行、个体的成长紧密联系在一起的"(李明辉主编,《儒家经典诠释方法》,前揭,2008)。
④ 《四书章句集注》《论语集注》卷三,页 87。其实,朱熹与门人的对话中就谈到,功夫没有达到孔子和颜子地位,就不要轻言孔颜之乐。门人徐寓录曰:"问:'颜子乐处,恐是工夫做到这地位,则私意脱落,天理洞然,有个乐处否?'曰:'未到他地位,则如何便能知得他乐处!且要得就他实下工夫处做,下梢亦须会到他乐时节。'"(《朱子语类》第三册卷三十一《雍也篇二》,前揭,页 795)
⑤ 《四书章句集注》《论语集注》卷四,前揭,页 95。
⑥ 如注《论语·述而》"叶公问孔子于子路",《颜渊》"司马牛问仁","司马牛问君子",《子路》"子路问政",《宪问》"古之学者为己","莫我知也夫",《阳货》"宰我问三年之丧",《子张》"仁在其中"……等(《四书章句集注》,前揭,页 80、133、134、141、155、157、181、189)。

为如何言说的问题。

其实,关于乐道的说法并非始自鲜于侁,汉孔安国释《论语·雍也》"贤哉回也"章曰:"颜渊乐道,虽箪食在陋巷,不改其所乐。"梁皇侃提出过"乐道情笃",宋邢昺提出过"乐道之志",①不过他们都没有对"道"作具体说明。② 也许正因为如此,朱熹推论鲜于侁也"必未识道是个何物",③实际上"乐道之言不失,只是说得不精切",只是"他语拙,说得来头撞",只是"如此莽莽对","只是冒罩说,不曾说得亲切","说得来浅了",所以伊川才会答曰"使颜子而乐道,不为颜子矣"。朱熹《或问》说"乐道之虽浅而犹有据"中的"乐道之虽浅",其实指的就是他"说得来浅了"。

朱熹与门人谈论湖湘学派在"知言"上存在的问题时也说到:"大率议论文字,须要亲切。如伊川说颜子乐道为不识颜子者,盖因问者元不曾亲切寻究,故就其人而答,欲其深思而自得之尔。"④这就表明,在朱熹看来,伊川答鲜于侁问中,伊川所否定的并不是乐道,而是关于乐道的言说方式,由于言说的不恰当,道被理解为颜回所乐的一个外在对象。这就是伊川答鲜于侁问所包含的微言大义,也是要求鲜于侁"深思而自得之"的。其实,这也是对《或问》"侁之弊"的更明晰的阐释:一方面在语言形式上表现为议论文字的不精切,另一方面,在思想内容上表现为把道作为颜回所乐的外在对象。

这种浅的说法不仅在程子门人中大量存在,朱熹自己门人中

---

① 《十三经注疏》整理委员会整理,李学勤主编:《论语注疏》(标点本),北京:北京大学出版社,1999年,页375。本文以下凡引该书,只注书名和页码。
② 此外,《孟子·公孙丑下》也有过"尊德乐道"的提法,朱熹在《集注》、《或问》以及与门人的讨论中都没对此作解释,杨时则用《孟子·尽心上》中的"尊德乐义"来说明(见《朱子全书》第七册《论孟精义》,页695)。
③ 《朱子语类》第三册卷三十一《雍也篇二》,前揭,页800。
④ 同上第七册,卷第一百一《程子门人》,前揭,页2589。

也有,就连"事文公最久,议论犹有根据"①的黄义刚和最为得意的弟子之一陈淳也属此列:

> 义刚说:"程子曰:'周子每令求颜子乐处,所乐何事。'夫天理之流行,无一毫间断,无一息停止,大而天地之变化,小而品汇之消息,微而一心之运用,广而六合之弥纶,浑融通贯,只是这一个物事。颜子博文约礼,工夫缜密,从此做去,便能寻得个意脉。至于竭尽其才,一旦豁然贯通,见得这个物事分明,只在面前,其乐自有不能已者。"曰:"也不要说得似有一个物事样。道是个公共底道理,不成真个有一个物事在那里,被我见得!只是这个道理,万事万物皆是理,但是安顿不能得恰好。而今颜子便是向前见不得底,今见得;向前做不得底,今做得,所以乐。不是说把这一个物事来恁地快活。"义刚。②

> 安卿问:"先生前日与廖子晦书云'道不是有个物事闪闪烁烁在那里',固是如此。但所谓'操则存,舍则亡',毕竟也须是有个物事。"曰:"操存只是教你收敛,教你心莫胡思乱量,几曾捉定有个物事在那里!"又问:"'顾諟天之明命',毕竟是个甚么?"曰:"此只是说要得道理在面前,不被物事遮障了。'立则见其参于前,在舆则见其倚于衡',皆只是见得理如此,不成别有个物事光烁在那里!"义刚。③

朱熹认为黄义刚"见得这一个物事分明"之说,没有把握到颜回博文约礼、豁然贯通的真意,陈淳的"'操则存,舍则亡',毕竟也须是

---

① 《宋元学案》卷六十九《沧州诸儒学案上》,前揭,页2321。
② 《朱子语类》第三册卷第三十一《雍也篇二》,前揭,页799。
③ 《朱子语类》第七册卷第一百一十三《训门人一》,前揭,页2742。

有个物事"同样没有理会到操存的内涵,所以都是属于浅说的范畴。这样的说法都有可能导致"与道为二",把道作为一个外在的物事来乐。

那么,什么样的言说方式才算是恰当精切、而不再浅呢?这也是朱熹门人感兴趣的问题。前文引袭盖卿所录对话中,门人提出"颜子工夫至到,道体浑然,与之为一"的说法,虽然朱熹当时因为不满意于门人"颜子之至乐"的庄禅倾向而对其进行点拨,对这一说法没有直接回应,但也没有否认。此外,黄榦所录的一则关于如何理解伊川答鲜于侁问的对话中,门人也提出"颜子与道为一"的说法:

> 问:"……伊川第四说答鲜于侁曰:'使颜子以道为乐而乐之,则非颜子矣。'窃意伊川之说,谓颜子与道为一矣。若以道为可乐,则二矣。不知然否?……"曰:"所论答鲜于侁语,大概得之,而未子细。"榦。①

这里门人说得很明确,伊川的意思是指颜子乐在"与道为一",朱熹对这一说法基本予以肯定。

宋光宗绍熙二年辛亥(1191)②,陈淳书面请教"'纯亦不已'者,圣人之心所以与天道一体也"等问题,朱熹答曰:

> 此亦得之。但范氏说"与道为体"四字甚精,盖物生水流,非道之体,乃与道为体者也,可更详之。③

---

① 《朱子语类》第三册卷第三十一《雍也篇二》,前揭,页802。
② 据陈来老师《朱子书信编年考证》,上海:上海人民出版社,1989,页334。以下凡涉及该书,只注书名及页码。
③ 《朱子全书》第二十三册《文集》卷五十七《答陈安卿》三,前揭,页2733—2734。

同样也肯定了"与道为体"的说法。

实际上前文所引杨道夫所录答问中,门人提出的"要之孔颜之乐,只是私意净尽,天理照融,自然无一毫系累",也可以看成是颜子"与道为一"的另一种表述,朱熹对此也给予了"要之说乐道,亦无害"的肯定。

不过,值得注意的是,朱熹对"颜子与道为一"之说的认可是被动的,是对其门人说法的一种回应,他自己很少主动提到这一说法。① 这又可以看出朱熹对通过言语来说明颜回之乐的谨慎。

实际上,这就是朱熹言说颜乐的一种特殊方式,对颜乐中难以言说的内容"罕言",②而对必须言说而又可以言说的内容则"雅言",③也即常言。④

那么,关于颜乐,朱熹所常言的是什么呢?《集注》最为明确:

> 程子之言,引而不发,盖欲学者深思而自得之。今亦不敢妄为之说。学者但当从事于博文约礼之诲,以至于欲罢不能而竭其才,则庶乎有以得之矣。⑤

"博文约礼"的功夫在朱熹的教学及其与门人的讨论中是说得最多的,这与很少主动言及颜回"与道为一"形成鲜明的对照。在《语类》三十一卷"贤哉回也"章中总计有 29 条问答,其中有 19

---

① 《朱子语类》中,只有在和门人讨论《论语·里仁》"朝闻道"章时,朱熹亲口说过"与道为一"(见《朱子语类》第二册卷二十六,页 662,叶贺孙 1191 年后所录)。此外朱熹于淳熙三年丙申(1176)三月给王莘"乐道有著"的"老佛绪余"所下按语中有"与道为一"(见《朱子全书》第二十三册《文集》卷七十《记疑》,前揭,页 3398)。
② 《论语·子罕》。
③ 《论语·述而》。
④ 朱熹《四书章句集注》释"雅"为"常"(《论语集注》卷四,前揭,页 97)。关于"罕言"、"雅言"的详细论述,将在第二章《子贡之知与言》中具体展开。
⑤ 《四书章句集注》《论语集注》卷三,前揭,页 87。

条与"博文约礼"的工夫直接相关。除了讲孔颜之乐区别的 6 条问答外,其余问答绝大部分都把克尽私欲的实际工夫与颜回之乐联系在一起,强调并非心中明白了道理就有乐,只有工夫做到颜回地步,才能体会到他的乐处:

> 伯丰问:"颜子之乐,不是外面别有甚事可乐,只颜子平日所学之事是矣。见得既分明,又无私意于其间,自然而乐,是否?"曰:"颜子见得既尽,行之又顺,便有乐底滋味。"
>
> 问:"颜子乐处,恐是工夫做到这地位,则私意脱落,天理洞然,有个乐处否?"曰:"未到他地位,则如何便能知得他乐处!且要得就他实下工夫处做,下梢亦须会到他乐时节。"寓。
>
> 或曰:"颜子之乐,只是心有这道理便乐否?"曰:"不须如此说,且就实处做工夫。"学蒙。①

朱熹还把这种实际功夫与杳冥思量相对:

> 问:"叔器看文字如何?"曰:"两日方思量颜子乐处。"先生疾言曰:"不用思量他!只是'博我以文,约我以礼'后,见得那天理分明,日用间义理纯熟后,不被那人欲来苦楚,自怃地快活。你而今只去博文约礼,便自见得。今却去索之于杳冥无朕之际,你去何处讨!将次思量得人成病。而今一部《论语》说得恁分明,自不用思量,只要着实去用工。如前日所说人心道心,便只是这两事。只去临时思量那个是人心,那个是道心。便颜子也只是使得人心听命于道心后,不被人心胜了道心。你而今便须是常拣择教精,使道心常常在里

---

① 《朱子语类》第三册卷第三十一《雍也篇二》,前揭,页 795、795、798。

面,如个主人,人心如客样。常常如此无间断,则便能'允执厥中'。"义刚。①

朱熹认为"不用思量",只要"博文约礼","着实去用工",便"见得那天理分明",待到"日用间义理纯熟","人心听命于道心","道心常常在里面,如个主人,人心如客样",就会"自恁地快活"。只有到这地步,才能体会得到颜回的乐处,才能说颜回所乐的是道,也才能真正做到"允执厥中"②。朱熹认为这才是伊川所体会的道和乐。伊川和明道虽然气象不同,但二人对乐的体会非常一致。伊川曰:"人于天地间,并无窒碍处,大小大快活。"明道曰:"放这身来,都在万物中一例看,大小大快活。"③所以,在陈淳所录朱熹与门人的答问中,朱熹引述了二程兄弟这两条语录后,得出结论:"此便是颜子乐处",并做出解释:"这道理在天地间,须是直穷到底,至纤至悉,十分透彻,无有不尽,则于万物为一无所窒碍,胸中泰然,岂有不乐!"④

此外,庆元五年己未(1199),阔别十年的陈淳向朱熹汇报自己十年来的所思所想,认为"数年来见得日用间大事小事分明,件件都是天理流行",其中也包括颜回之乐。对此,朱熹首先给以简单的两句评价:"恁地泛说也容易","只恐劳心落在无涯可测之处"。在随后的讨论中则进一步强调:

> 圣贤教人,无非下学工夫。一贯之旨,如何不便说与曾

---

① 《朱子语类》第三册卷第三十一《雍也篇二》,前揭,页799—800。
② 语出《论语·尧曰》,朱熹在《中庸章句序》中将其作为道统之源:"盖自上古圣神继天立极,而道统之传有自来矣。其见于经,则'允执厥中'者,尧之所以授舜也;'人心惟危,道心惟微,惟精惟一,允执厥中'者,舜之所以授禹也。"《集注》,前揭,页14)
③ 《二程集》上《河南程氏遗书》卷第十五,前揭,页152、33—34。
④ 《朱子语类》第三册卷第三十一《雍也篇二》,前揭,页795。

子,直待他事事都晓得,方说与他?子贡是多少聪明!到后来方与说:"女以予为多学而识之者与?"曰:"然,非与?"曰:"非也,予一以贯之。"此意是如何?万理虽只是一理,学者且要去万理中千头百绪都理会,四面凑合来,自见得是一理。不去理会那万理,只管去理会那一理,说"与点"、颜子之乐如何。程先生语录事事都说,只有一两处说此,何故说得恁地少?而今学者何故说得恁地多?只是空想象。①

正因为如此,朱熹虽"不敢妄为之说",却要说"学者但当从事于博文约礼之诲,以至于欲罢不能而竭其才,则庶乎有以得之矣"。

应该指出的是,朱熹深知言未必能尽意的道理,也深知必须去做尽的努力,于是提出"学者但当从事于博文约礼之诲,以至于欲罢不能而竭其才,则庶乎有以得之矣",这种努力实际上也就是朱熹常说的"体"②。这样,在尽意的问题上,朱熹在言之外,又新增了一种"体"的选择。

三、与他乐之区别

"乐道"之说之所以成为问题,除了以上关于颜乐之言说的原因以外,还有一个因素也很重要,那就是,在经典世界与生活世界中,在孔颜之乐以外,还存在着其他类型的乐,学者们在理解孔颜之乐,特别是颜回之乐的时候,也总是习惯于以其他类型的乐来类比。所以,对颜回之乐与其他类型的乐加以区分,就非常必要。在与门人的讨论中,朱熹以他自己对"乐道"中"道"和"乐"的理

---

① 《朱子语类》第七册卷第一百一十七《训门人五》,前揭,页 2819—2820。
② 关于体,朱熹有"体认"、"体验"、"体究"等很多不同的提法。

解,回答门人提出的疑问,理清了"颜子之乐"问题上的一些模糊认识。

首先是关于颜回之乐与"乐天知命"者之乐的区别。据黄义刚和陈淳于庆元五年己未(1199)记载:

> 叔器问:"颜子乐处,莫是乐天知命,而不以贫窭累其心否?"曰:"也不干那乐天知命事,这四字也拈不上。"淳录云:"又加却'乐天知命'四字,加此四字又坏了这乐。颜子胸中自有乐地,虽在贫窭之中而不以累其心,不是将那不以贫窭累其心底做乐。"①

伊川曾说:"仁者在己,何忧之有?凡不在己,逐物在外,皆忧也。乐天知命,故不忧,此之谓也。若颜子箪瓢,在他人则忧,而颜子独乐者,仁而已。"②伊川在此引《易·系辞上》"乐天知命,故不忧"说明颜回之乐,故叔器有此问。虽然朱熹认为"伊川之言,初看似未甚好,久看方好",③但对其"乐天知命"这四字却给出了"拈不上"、"坏了这乐"的评价。在他看来,颜回博文约礼,工夫至到,见得那天理分明,人心听命于道心,"心中自有乐地"。而所谓的"乐天知命",是"将那不以贫窭累其心底做乐",是安贫乐贫之乐,这种乐与颜回之乐没任何的关系,根本是不相干的两回事。④

第二,颜回之乐与浩然之气(孟子之乐)的区别:

---

① 《朱子语类》第三册卷第三十一《雍也篇二》,前揭,页795。
② 《朱子全书》第七册《论语精义》卷第三下,前揭,页214。
③ 《朱子语类》第三册卷第三十一《雍也篇二》、第六册卷第九十三《孔孟周程张子》,前揭,页797、2358。
④ 以"乐天知命"来理解颜回之乐似乎不是个别现象,如辛弃疾《水龙吟·题瓢泉》词:"乐天知命,古来谁会,行藏用舍。人不堪忧,一瓢自乐,贤哉回也。"

第一章　颜回之乐与贤

直卿云:"与浩然之气如何?"曰:"也是此意。但浩然之气说得较粗。"南升。①

"浩然之气"语出《孟子》,②孟子在与其门人公孙丑讨论"心动"的问题时,说到自己四十岁就不动心了,不动心的原因之一就是他善养"浩然之气"。虽然不因外界变化而动心的"浩然之气"与不因贫窭而累心的"颜回之乐"的意境相似,且同样都难以用言语说得明白,但朱熹认为二者有粗细之分。颜回之乐"细密"而"不发露","浩然之气"则是"粗豪之气",《语类》有三条记录明确提到这种区别。③ 其中第三条以孟子"君子三乐"中的第二乐"仰不愧于天,俯不怍于人"④为例,说明"浩然之气"的"粗豪"⑤。朱熹还经常把"仰不愧,俯不怍"与"万物皆备于我,反身而诚,乐莫大焉"⑥相提并论,认为它们只是一个"无亏欠"、"无欠缺"。⑦

第三,颜回之乐与曾点之乐的区别:

问颜子乐处。曰:"颜子之乐,亦如曾点之乐。但孔子只

---

① 《朱子语类》第三册卷第三十一《雍也篇二》,前揭,页796。
② 《孟子·公孙丑上》对这一概念作了说明:"其为气也,至大至刚;以直养而无害,则塞于天地之间。其为气也,配义与道;无是,馁矣。是集义所生者,非义袭而取之也。行有不慊于心,则馁矣。"
③ 第一条:"论其气象,则孟子粗似颜子。"第二条:"孟子本说得来粗。只看他一章本意,是说个不动心。所谓'浩然之气',只似个粗豪之气。他做工夫处虽细腻,然其成也却只似个粗豪之气,但非世俗所谓粗豪者耳。"第三条:"'浩然之气'一章说得稍粗。大意只是要'仰不愧于天,俯不怍于人',气便浩然。"(《朱子语类》第四册卷第五十二《公孙丑上之上》,页1244—1245)
④ 《孟子·尽心上》。
⑤ 关于"浩然之气",朱熹还有一个猪胞之喻:"若见得道理明白,遇事打并净洁,又仰不愧,俯不怍,这气自浩然。如猪胞相似,有许多气在里面,便恁地饱满周遍;若无许多气,便厌了,只有许多筋膜。"(《朱子语类》第四册卷第五十二,前揭,页1248)
⑥ 《孟子·尽心上》。
⑦ 《朱子语类》第四册卷第五十二,前揭,页1249。这种区别在下节讨论"颜回之贤"时会看得更明白。

说颜子是恁地乐,曾点却说许多乐底事来。点之乐,浅近而易见;颜子之乐,深微而难知。点只是见得如此,颜子是工夫到那里了。从本原上看,方得。"赐。

颜子之乐平淡,曾点之乐已劳攘了。学蒙。①

"曾点之乐"实际是曾点之志所内含的乐。曾点在与老师孔子及其同学子路、冉有、公西华讨论时表明了自己的志向:"莫春者,春服既成。冠者五六人,童子六七人,浴乎沂,风乎舞雩,咏而归。"②如此良辰美景,自然乐在其中。《论语集注》解释此种乐为:"而其言志,则又不过即其所居之位,乐其日用之常,初无舍己为人之意。而其胸次悠然,直与天地万物上下同流,各得其所之妙,隐然自见于言外。"③这种"日用之常"的乐在《语类》中被表述得更为明白:"曾点见得事事物物上皆是天理流行。……他看见日用之间,莫非天理,在在处处,莫非可乐……此是可乐天理。"④可见,曾点之乐就是以在日常生活中见到天理为乐。朱熹认为曾点之乐与颜回之乐的区别主要在三个方面:一是曾点之乐"浅近而易见",颜回之乐"深微而难知";二为曾点是"偶然见得如此",⑤颜回却是实做工夫;三是曾点之乐劳攘,颜回之乐平淡。⑥ 不难看出,朱熹在这里肯定的是曾点在"乐道"问题上的颖悟和识见,不满的是他实际工夫的欠缺和特行不掩的狂者形象。值得注意的是,朱熹于

---

① 《朱子语类》第三册卷第三十一《雍也篇二》,前揭,页798。
② 《论语·先进》。
③ 《四书章句集注》《论语集注》卷六《先进第十一》,前揭,页130。
④ 《朱子语类》第三册卷第四十《先进篇下》,前揭,页1026。
⑤ 朱熹在与门人讨论中有四次提到曾点只是"偶然见得"(《朱子语类》第三册卷第四十,前揭,页1028、1032、1036、1037)。
⑥ 以下朱熹论曾点、颜回的一段话或许可以为这一区别作注解:"颜子底较恬静,无许多事。曾点是自恁说,却也好;若不已,便成释老去,所以孟子谓之狂。颜子是孔子称他乐,他不曾自说道我乐。大凡人自说乐时,便已不是乐了。"(《朱子语类》第三册卷第四十,前揭,页1209)

庆元五年己未(1199)病重期间回答陈淳关于其《与点论》的看法时,还特别说明"某平生便是不爱人说此话",①根据当时的学风和陈淳的思想特点,告诫其对实际工夫予以重视,对陈淳的学术研究产生了重要影响。②

第四,颜回之乐与"不如乐之者"之乐的区别:

> 义刚问:"这乐,正如'不如乐之者'之'乐'。"曰:"那说从乐天知命上去底固不是了,这说从'不如乐之'上来底也不知那乐是乐个甚么物事。'乐'字只一般,但要人识得,这须是去做工夫,涵养得久,自然见得。"义刚。③

孔子说"知之者不如好之者,好之者不如乐之者"(《雍也》),故义刚有此问。朱熹的回答强调了两点:一是提醒义刚分辨"不如乐之者"之"乐""是乐个什么物事"。《或问》和《语类》对"知之者不如好之者"章作出了知"道"、"此理已得之于己"而乐的解释。④ 应该说"不如乐之者"之"乐"所乐的是"已得之于己"的

---

① 庆元五年己未(1199)还以吃馒头为喻(这一比喻朱熹在训门人中经常运用)说明实下工夫的重要:因问:"向来所呈与点说一段如何?"曰:"某平生便是不爱人说此话。《论语》一部自'学而时习之'至'尧曰',都是做工夫处。不成只说了'与点',便将许多都掉了。圣贤说事亲便要如此,事君便要如此,事长便要如此,言便要如此,行便要如此,都是好用工夫处。通贯浃洽,自然见得在面前。若都掉了,只管说'与点',正如吃馒头,只撮个尖处,不吃下面馅子,许多滋味不见。向来此等无人晓得,说出来也好。今说得多了,都是好笑,不成模样!近来觉见说这样话,都是闲说,不是真积实见。昨廖子晦亦说'与点'及鬼神,反复问难,转见支离没合杀了。圣贤教人,无非下学工夫。"《朱子语类》第七册卷第一百一十七《训门人五》,前揭,页2820。
② 参见张加才,《诠释与建构——陈淳与朱熹学》,北京:人民出版社,2004,页28-32。
③ 《朱子语类》第三册卷第三十一《雍也篇二》,前揭,页795。
④ 参见《四书或问》,页224;《朱子语类》第三册卷第三十一,前揭,页814-815。

"此理","不如乐之者"之"乐"是"乐斯二者"①之乐,"乐循理"②之乐。二是告诫义刚,颜子之乐建立在实际工夫的基础之上。颜回通过博文约礼的工夫,见得天理分明,与道为一,自然而乐。颜回的乐是与道为体的乐,而"不如乐之者"之"乐"所乐的仅仅是"此理"。

"乐天知命"者之乐、孟子之乐(浩然之气)、曾点之乐和"不如乐之者"之乐这四类乐中,"不如乐之者"之乐是最容易与颜回之乐混为一谈的,③所以朱熹对它们之间的区分也极为用心。

首先体现在对《论语·雍也》"知之者不如好之者"章的解读上,朱熹特别注意"知之"、"好之"、"乐之"三者之间的区别。程子门人尹焞将这三者区别为:

> 知之者,知有是道也;好之者,好而未得也;乐之者,有所得而安之也。④

《或问》对其做出了较高的评价:"尹氏为尤切于文意,但其以安训乐,为未尽其宣扬发畅之意耳。"⑤所以,《集注》又征引了尹氏的这

---

① 《孟子·离娄上》。"乐斯二者"的"二者"指的是"仁之实"和"义之实"。朱熹注曰:"斯二者,指事亲从兄而言。"(《集注》《孟子集注》,前揭,页287)
② 《二程集》上《河南程氏遗书》卷第十八,前揭,页188。
③ 门人程洵比较早地提出过类似的问题。乾道四年戊子(1168)他曾经书面请教过"与道为一":"凡人有得于此,必有乐于此。方其乐于此也,寝可忘也,食可废也。盖莫能语人以其所以然者,唯以心体之乃可自见。周濂溪尝使二程先生求颜子所乐者何事,而先生亦谓'颜子不改其乐,其字有味',又云:'使颜子乐道,则不为颜子'。夫颜子舍道,亦何所乐? 然先生不欲学者作如是见者,正恐人心有所系,则虽以道为乐,亦犹物也。须要与道为一,乃可言乐。不然,我自我,道自道,与外物何异也? 须自体会乃得之。"朱熹并没有直接回答:"此只是赞咏得一个乐字,未尝正当说着圣贤乐处,更宜于著实处求之。"(《朱子全书》第二十二册《文集》卷四十一《答程允夫》,前揭,页1869)
④ 《朱子全书》第七册《论语精义》卷第三下,前揭,页224。
⑤ 《四书或问》,前揭,页224。

一解释。① 朱熹与门人讨论时，仍然反复强调这种区别：

> 人之生，便有此理。然被物欲昏蔽，故知此理者已少。好之者是知之已至，分明见得此理可爱可求，故心诚好之。乐之者是好之已至，而此理已得之于己。凡天地万物之理皆具足于吾身，则乐莫大焉。南升。②

不仅黄义刚曾经不清楚颜回之乐与"不如乐之者"之乐的区别，朱熹最得意的弟子陈淳起初也是没有弄明白。他于绍熙二年辛亥（1191）书面向朱熹请教，朱熹在答问中特别强调对"不如乐之者"的"之"字的理解：

> "不如乐之者，此'乐'字与颜子之乐意思差异否？"朱熹答："较其大概，亦不争多。但此乐之者'之'字，是指物而言。是有得乎此道，从而乐之也。犹'乐斯二者'之'乐'，'乐循理'之'乐'。如颜子之乐又较深，是安其所得后，与万物为一，泰然无所窒碍，非有物可玩而乐之也。"③

由此，我们似乎可以看出，颜回之乐要比"不如乐之者"之乐深，而"乐之者"又高于"好之者"。这样，也就可以理解为什么不从颜回之好，而从颜回之乐来论颜回之贤了。

---

① 《四书章句集注》《论语集注》，前揭，页89。
② 《朱子语类》第三册卷第三十一，前揭，页814。
③ 《朱子全书》第二十三册《文集》卷五十七《答陈安卿》，前揭，页2711。

四、颜回之贤

《论语》对颜回的肯定突出地表现在两个方面,一是仁,二是贤。孔子虽没有直接许之以仁,但"其心三月不违仁"(《雍也》)的评价,导致后世学者对颜回的关注主要集中于"仁",如汉儒传说释颜回就指向仁,而对颜回之贤没有给与应有的重视。与汉儒不同,宋儒希圣希贤,希望与皇帝"同治天下",如此就必须融仁、贤二者为一,正是在这一意义上,朱熹提出"贤以事言,仁以德言"。① 本节将主要讨论朱熹对颜回之贤的诠释。

《集注》"贤哉回也"章首先关注的不是颜回之乐,而是颜回之贤,其征引的程子之言首先也是伊川关于孔子贤颜回的解释:

> 颜子之贫如此,而处之泰然,不以害其乐,故夫子再言"贤哉回也"以深叹美之。程子曰:"颜子之乐,非乐箪瓢陋巷也,不以贫窭累其心而改其所乐也,故夫子称其贤。"又曰:"箪瓢陋巷非可乐,盖自有其乐尔。其字当玩味,自有深意。"又曰:"昔受学于周茂叔,每令寻仲尼颜子乐处,所乐何事?"愚按:程子之言,引而不发,盖欲学者深思而自得之,今亦不敢妄为之说。学者但当从事于博文约礼之诲,以至于欲罢不能而竭其才,则庶乎有以得之矣。②

朱熹《论语序说》就强调,孔门身通六艺的七十二弟子中以"颜回最贤"。③ 这里又对孔子连说两次"贤哉回也"表示特别的关注。

---

① 《四书章句集注》《论语集注》,前揭,页163。
② 《四书章句集注》《论语集注》卷三,前揭,页87。
③ 《四书章句集注》《论语集注》,前揭,页42。

那么,在朱熹看来颜回之贤到底表现在哪里呢?既然"贤以事言",颜回之贤就与《论语》记载的颜回品行密切相关。所以,为了说清楚这一问题,首先还得去看《论语》中颜回的表现及后人对这些表现的评价。根据《论语》,颜回的故事突显其在品行上的三大特点:一是如愚,二是好学,三是不改其乐。① 如愚体现的是颜回的性格特征,好学反映的是颜回的为学态度,不改其乐体现的则是颜回的人生态度。在孔子看来,颜回之贤不在于他的性格特征与为学态度,尽管颜回"退而省其私,亦足以发",②"闻一而知十",但孔子并没因此称其贤,只是肯定其连聪明过人的子贡都"弗如";③尽管颜回"不迁怒,不二过",孔子也没有称其贤,只是反复赞其好学并惜其短命。甚至当颜回"三月不违仁"时,孔子还是没有称其贤。④ 但到了颜回"不改其乐"时,情况发生了改变,孔子竟反复称其贤。这里的"不改其乐"本身又包括"不改"和"其乐"两个方面,孔子更侧重于贤其"不改",还是"其乐"?这似乎只有孔

---

① 余树苹认为《论语》中所记述的颜回受赞赏的品质,归纳起来有三个方面:一是"不愚",二是"好学",三是"不改其乐"(参见余树苹:《再寻孔颜乐处》,《浙江学刊》,2003年,第3期)。其实,这三者与其说是内在品质,不如说是兼内外的品行特点。陈少明老师认为颜回最值得品味之处主要表现在:一是安乐,二是"如愚"[参见陈少明:〈孔门三杰的思想史形象〉,载刘小枫、陈少明主编《经典与解释》(8),北京:华夏出版社,2005年,页230]。此外,李启谦认为颜回的性格特点主要表现为天资聪慧、学习勤奋、尊敬老师、品行出众,品行出众的突出表现就是安贫乐道(参见李启谦:《孔门弟子研究》,济南:齐鲁书社,1988,页6—10)。
② 《论语·为政》:子曰:"吾与回言终日,不违,如愚。退而省其私,亦足以发,回也不愚。"
③ 《论语·公冶长》:子谓子贡曰:"女与回也孰愈?"对曰:"赐也何敢望回? 回也闻一以知十,赐也闻一以知二。"子曰:"弗如也,吾与女弗如也。"
④ 《论语·雍也》:哀公问:"弟子孰为好学?"孔子曰:"有颜回者好学,不迁怒,不二过。不幸短命死矣,今也则亡,未闻好学者也。"子曰:"回也,其心三月不违仁,其余则日月至焉而已矣。"《论语·先进》:季康子问:"弟子孰为好学?"孔子对曰:"有颜回者好学,不幸短命死矣,今也则亡。"周敦颐《通书·志学第十》则以颜回"不迁怒,不贰过,三月不违仁"为贤。

子自己知道,清代王夫之曾说"夫子说颜子'不改其乐',贤其不改也",①但这只是王夫之的个人理解。汉唐宋初的学者也多从"不改"这一方面来理解颜回之贤,对"不改"作了详细的解释。② 但在宋代道学家那里,对颜回之贤的理解发生了很大变化,由对"不改"的关注转向对"其乐"的重视。周敦颐《通书·颜子》在讨论"不改其乐"时所关注的已经不再是如何去解释"不改",而是追问颜回对"人所爱"的富贵"不爱不求"却"乐乎贫"的深层原因,即追问颜回真正所乐的是什么。最为典型的还是程颐。从上文朱熹所引程颐对《论语·雍也》"贤哉回也"章的解释③可以看出,他不是从面对"箪瓢陋巷""不改",而是从强调"箪瓢陋巷"非颜子之乐出发,来理解颜回之贤。虽然程颐对颜回之贤的理解仍然没有忽视其中的"不改"因素,但强调这种"不改"要以追问"其乐"为前提。他与鲜于侁的对话中这一层意思就表达得更为明确:"鲜于侁问曰:'颜子何以不能改其乐?'子曰:'知其所乐,则知其不改。'"④

这样,再回过头来看朱熹对颜回之贤的解释——不因贫窭而"害其所乐",以及对程子之言的征引,就不难看出朱熹直接继承了周、程对颜回之贤的解释转向,把理解颜回之贤的侧重点放在其所乐。应该说,对于颜回之贤的这种理解更为深邃。因为颜回固然能面对贫而不改其乐,但并非"贫窭"或"不改其乐"就能达到颜回之贤。比如,虽然颜回和同样以德行著称的闵子骞、冉伯牛、仲弓三者的生活状况都很贫窭,⑤但同样身处贫贱的仲弓之父却

---

① 王夫之,《读四书大全说》上,北京:中华书局,1975,页286。
② 参见《韩诗外传》卷十、皇侃《论语义疏》卷三、郑玄邢昺《论语注疏》卷第六。
③ 《二程集》下《河南程氏经说》卷第六,前揭,页1141。
④ 《二程集》下《河南程氏粹言》卷第二,前揭,页1237。
⑤ 参见李启谦,《孔门弟子研究》,前揭,页231—232。

"行恶",①可见并非贫就能贤;再如用礼乐节制自己有乐,但骄奢淫逸同样也能有乐且可不改,②可见并非乐而不改就是贤。同时,乐天知命式的安贫而乐贫且不改却不具颜回之贤的也大有人在。可见,要理解颜回之贤,最为关键的还是要弄清楚,身处贫窭之中不改其乐的颜回所乐的究竟是什么。正如王夫之所说:"周、程两先生却且不问其改不改,而亟明其乐,其言较高一步,而尤切实。乐而后有改不改,倘无其乐,则亦何改之有哉?"③

《论语·先进》中另有一条语录也与颜回之贤相关:"子曰:'回也其庶乎,屡空。赐不受命,而货殖焉,亿则屡中。'"这是以颜回与子贡作比较、屡空与货殖相对应来讲。《史记·货殖传》对这条语录有过"孔子贤颜回而讥子贡"的解释:"子贡既学于仲尼,退而仕卫发贮鬻财曹鲁之间,七十子之徒最为饶。而颜渊箪食瓢饮,在于陋巷。子贡结驷连骑,束帛之币,聘享诸侯,所至,国君无不分庭与之抗礼。然孔子贤颜回而讥子贡曰:'回也其庶乎,屡空。赐不受命而货殖焉,意则屡中。'"显然在司马迁看来,孔子所贤的是颜回之安空,所讥的是子贡之"不受命而货殖"。④ 此外,《盐铁论·地广》、《汉书·货殖传》、《论衡·知实》、《论语集解》等也作出了关于所贤所讥的理解,⑤但大都没有超出司马迁的解释。

---

① 朱熹解释《论语·雍也》"犁牛之子骍且角,虽欲勿用,山川其舍诸"曰:"仲弓父贱而行恶,故夫子以此譬之。"(《四书章句集注》《论语集注》卷三,前揭,页85)
② 《论语·季氏》:孔子曰:"益者三乐,损者三乐。乐节礼乐,乐道人之善,乐多贤友,益矣。乐骄乐,乐佚游,乐宴乐,损矣。"
③ 王夫之,《读四书大全说》上,前揭,页286。
④ 但在司马迁的心目中,子贡的地位很高,他以货殖立传而首列子贡,并将从事货殖之人称为贤人。
⑤ 如《盐铁论·地广》:"颜渊屡空,不为不贤。"《汉书·货殖传》:"孔子讥子贡曰:'赐不受命,而货殖焉,意则屡中。'"《论衡·知实》:"赐不受命而货殖焉,亿则屡中。罪子贡善居积。"《论语集解》卷六:"言回庶几圣道,虽数空匮而乐在其中矣。赐不受教命,惟财货是殖,亿度是非。盖美回所以励赐也。"(《论语集释》卷二十三《先进下》引,前揭,页780—781)

以"虚中"释"空"的道家解释,①则深深地影响了二程及其门人,如明道曰:"颜子屡空,空心受道。"伊川曰:"屡空兼两意,唯其能虚中,所以能屡空。"②

二程门人中只有范祖禹的解释与众不同:"屡空者,箪食瓢饮屡绝而不改其乐也。天下之物,岂有可动其中者哉? 贫富在天,而子贡以货殖为心,则不能安命,是不受天之命也。其言而中者,亿而已,非穷理乐天者也。"③他把"屡空"理解为"箪食瓢饮屡绝",将其与"不改其乐"相关联,并指出在"不改"的背后还有更为根本的原因:"其中者"。④

《集注》征引了范说,并在此基础上作出了自己的解释:

> 庶,近也,言近道也。屡空,数至空匮也。不以贫窭动心而求富,故屡至于空匮也。言其近道,又能安贫也……命,谓天命。货殖,货财生殖也。亿,意度也。言子贡不如颜子之安贫乐道,然其才识之明,亦能料事而多中也。程子曰:"子贡之货殖,非若后人之丰财,但此心未忘耳。然此亦子贡少时事,至闻性与天道,则不为此矣。"⑤

朱熹的解释有两点值得注意:一是关于"空"的训诂。朱熹以"空匮"释空,据皇疏,"空"本有"穷匮"和"虚"两义,朱熹选择"穷匮"

---

① 《论语集释·序》,南京:江苏古籍出版社,1998,页3—4。
② 参见《朱子全书》第七册《论语精义》卷第六上,前揭,页396—398;《四书或问》《论语或问》卷十一《先进第十一》,前揭,页287—288。
③ 《朱子全书》第七册《论语精义》卷第六上,前揭,页397。
④ 《四书或问》对范说刮目相看,肯定其不从"虚中受道"的老庄之说,对其的评价比程说都高(参见《论语或问》卷十一《先进第十一》,前揭,页287—288)。朱熹在与门人的对话中也曾对范祖禹的这一解释给予肯定:"范氏曰:'颜子箪食瓢饮屡绝,而不改其乐,天下之物岂有能动其心者!'此说为得之。"《朱子语类》第三册卷第三十九《先进篇上》,前揭,页1020)
⑤ 《四书章句集注》《论语集注》卷六,前揭,页127。

拒斥"虚"义，是为了消除这一概念解释上的老庄化影响。这一点可以从朱熹回复潘恭叔关于"屡空"问的书信中看得很清楚。① 二是关于"子贡不如颜子安贫乐道"的论断。② 这一论断使太史公"贤颜回而讥子贡"这一命题的内容发生了实质性的转变：一方面，孔子所贤由颜回之安空变成了颜回之安贫乐道。上面提到的朱熹答潘恭叔问中，似乎有强调颜回贤于安贫的意思。其实，这只是针对程子及其门人对"屡空"作的老庄化诠释而言，朱熹认为孔子所肯定颜回的，是其不因贫窭而害其所乐，而并非其安贫。安贫乐道所突出的是在穷困的现实条件下依然乐道，这才是颜回贤之所在。另一方面，孔子所讥由子贡的不受命而货殖，变为不如颜回之安贫乐道。朱熹认为孔子所批评子贡的，是在安贫乐道这方面做得还不够，而并非其货殖。以上这两个方面的意思在朱熹与门人的一次问答中也表述得很明确。叶贺孙录曰：

> 敬之问："'回也，其庶乎，屡空。'大意谓颜子不以贫窭动其心，故圣人见其于道庶几。子贡不知贫富之定命，而于贫富之间不能无留情，故圣人见其平日所讲论者多出亿度而中。"曰："据文势也是如此。但颜子于道庶几，却不在此。圣人谓其如此，益见其好。子贡不受命，也在平日，圣人亦不因其货殖而言。"贺孙因问："《集注》云，颜回，言其乐道，又能安

---

① 朱熹曾于孝宗淳熙二年乙未(1175)后的一天（据陈来老师《朱子书信编年考证》，页134—135)答潘恭叔问曰："屡空只是'空乏'之空。古人有'箪瓢屡空'之语是也。但言颜子数数空匮而不改其乐耳。下文以子贡货殖为言，正对此相反而言，以深明颜子之贤也。若曰心空，则圣人平日之言无若此耳。且数数而空，亦不胜其间断矣。此本何晏祖述老庄之言，诸先生盖失之之正耳。"（《朱子全书》第二十二册《文集》卷五十，前揭，页2301)
② 其实这一差别在《集注》卷一对《论语·学而》"贫而无谄"章的解释中已见端倪："子贡货殖，盖先贫后富，而尝用力于自守者，故以此为问。而夫子答之如此，盖许其所已能，而勉其所未至也。"（《四书章句集注》，前揭，页52—53)

贫。以此意看,若颜子不处贫贱困穷之地,亦不害其为乐。"曰:"颜子不处贫贱,固自乐;到他处贫贱,只恁地更难,所以圣人于此数数拈掇出来。"①

实际上,根据《说文》,"贤"从贝,其原意本是多财,才能、德行的含义是后来才有的②。朱熹《集注》释"贤"为"有德者"③,这并不意味着他忽略了其多财的本义。宋光宗绍熙四年癸丑(1193),六十四岁的朱熹一次与门人讨论《论语·子罕》"子罕言利"章时就说:"罕言利者,盖凡做事只循这道理做去,利自在其中矣。……圣人岂不言利。但所以罕言者,正恐人求之则害义矣。……但虽不言利,而所言者无非利。"④

在朱熹看来,与颜回可以进行比较的除了子贡以外,还有冉求与闵子骞。

《论语·雍也》中,紧接"贤哉回也"章的是"冉求曰非不说子之道"章。朱熹在《集注》中引用胡寅的解释:"夫子称颜回不改其乐,冉求闻之,故有是言。然使求说夫子之道,诚如口之说刍豢,则必将尽力以求之,何患力之不足哉?画而不进,则日退而已矣,此冉求之所以局于艺也。"⑤胡寅把《论语》中记载的这两条语录放到同一语境中来考察,从而将"颜回之乐"与"夫子之道"链接起来,《集注》放弃"皆得之"的其它诸说⑥而独引胡氏,表明朱熹对这

---

① 《朱子语类》第三册卷第三十九《先进篇上》,前揭,页1019。
② 顾颉刚《"圣"、"贤"观念和字义的演变》对此有很好的说明(参见胡晓明、傅杰主编,《释中国》第二卷,上海:上海文艺出版社,1998,页728—732)。
③ 《四书章句集注》《论语集注》卷七,前揭,页141。
④ 《朱子语类》第三册卷第三十六《子罕篇上》,前揭,页948。本文第四章《子夏之学与仁》将对子张学干禄有较为具体的说明。
⑤ 《四书章句集注》《论语集注》卷三,前揭,页87。《论语·雍也》这一章的内容为:"冉求曰:'非不说子之道,力不足也。'子曰:'力不足者,中道而废。今女画。'"
⑥ 参见《四书或问》卷六《雍也第六》,前揭,页220。

种对接可能有一定的认同,同时也借此说明乐道与勉力的关系,以责言冉有求道的不勉而画。

同样还是在《论语·雍也》篇,谢良佐对"季氏使闵子骞为费宰"章的解释中则提出了闵子"乐道而忘人之势"的命题:"学者能少知内外之分,皆可以乐道而忘人之势。况闵子得圣人为之依归,彼其视季氏不义之富贵,不啻犬彘……然则闵子其贤乎?"①在德行科仅仅位列颜回之后的闵子骞不为权势所动而乐道,在谢氏看来,这正是闵子之贤的体现。谢氏的这一注解在《集注》中被朱熹所采用,朱熹还给其门人作了如下说明:"谢氏说得也粗。某所以写放这里,也是可以警那懦底人。若是常常记得这样在心下,则可以廉顽立懦不至倒了。今倒了底也多。"②无疑,在心中能起到廉顽立懦作用的,自然是这种不为权势所动而乐道的精神。这种精神与颜回之贤所体现的精神并无实质上的不同。

值得注意的是,正如乐有不同类型,在朱熹看来,《论语》中的贤也有不同区分。除了把弟子分为德行、言语、政事、文学四类以外,③孔子还根据所辟原因的不同把历史和现实生活中的贤者分为四类:"贤者辟世,其次辟地,其次辟色,其次辟言。"④有意思的是朱熹一方面把第一类贤者即"辟世"者解释为"天下无道而隐,若伯夷太公是也",⑤另一方面在对《论语·季氏》"见善如不及"章

---

① 《四书章句集注》《论语集注》卷三,前揭,页86。《论语·雍也》这一章的内容为:"季氏使闵子骞为费宰。闵子骞曰:'善为我辞焉。如有复我者,则吾必在汶上矣。'"
② 《朱子语类》第三册卷第三十一《雍也篇二》,前揭,页794。此外,据叶贺孙所录,朱熹在和门人讨论《论语·先进》"季氏富于周公"章时,也讲道"谢氏说闵子处最好",还当场让叶贺孙诵读谢氏全文(《朱子语类》卷第三十九《先进篇上》,前揭,页1016)。
③ 《四书章句集注》引明道曰:"四科乃从夫子于陈、蔡者尔,门人之贤者固不止此。"(《四书章句集注》《论语集注》卷六,前揭,页123)
④ 《论语·宪问》。
⑤ 《四书章句集注》《论语集注》卷七,前揭,页158。

的解释中把伊尹、姜太公与颜回相提并论:

> 孔子曰:"见善如不及,见不善如探汤。吾见其人矣,吾闻其语矣。隐居以求其志,行义以达其道。吾闻其语矣,未见其人也。"

朱熹释曰:

> 真知善恶而诚好恶之,颜、曾、闵、冉之徒,盖能之矣。……求其志,守其所达之道也。达其道,行其所求之志也。盖惟伊尹、太公之流,可以当之。当时若颜子,亦庶乎此。然隐而未见,又不幸而蚤死,故夫子云然。①

既然把颜回也归入"辟世"之贤者一类,那么对"辟世"的理解就很重要,否则就会有老佛之嫌,门人潘时举所录的这段对话分清了这一是非:

> 问"贤者辟世"一章。曰:"凡古之隐者,非可以一律看。有可以其时之所遇而观之者,有可以其才德之高下而观之者。若长沮桀溺之徒,似有长往而不返之意。然设使天下有道而出,计亦无甚施设,只是独善其身,如老庄之徒而已。大抵天下有道而见,不必待其十分太平,然后出来;天下无道而隐,亦不必待其十分大乱,然后隐去。天下有道,譬如天之将晓,虽未甚明,然自此只向明去,不可不出为之用。天下无道,譬如天之将夜,虽未甚暗,然自此只向暗去,知其后来必

---

① 《四书章句集注》《论语集注》卷八,前揭,页173。

第一章 颜回之乐与贤

不可支持,故亦须见几而作,可也。"①

可见,伊尹、太公、颜子之流与老庄之徒的根本区别在于,辟隐对于后者来说是目的,而对前者来说只是手段,其根本的目的还是在于治国平天下,所体现的还是一种积极入世的乐道精神。②

一提乐道,人们往往会把它与安贫联系在一起,似乎乐道就必须安贫,只有安贫才能乐道。从上面的分析中可以看出,实际上,乐道,既超越于个人经济上的贫富,也超越于个人政治上的地位,甚至还超越于国家社会的动荡与稳定。③ 当朱熹讲伊尹之贤时,所肯定的不是其生活于有莘之野的"寒衣饥食、出作入息",而是其诵诗读书、欲"亲见其道之行"④;当朱熹讲闵子之贤时,所肯定的也并非其仕,而是其不为权势所动而乐道;当朱熹讲颜回之安贫乐道时,更是强调孔子所贤的不是其安贫,而是其不因贫窭而害其所乐。相反,当朱熹讲到子贡的不受命而货殖时,所否定的不是其货殖,而是其不受命;当朱熹讲到冉有时,所否定的不是他的出仕,而是他求道的不勉而画。在朱熹看来,颜回之贤实际上是贤其不因外在生活条件或处境而害其所乐。这是一种传统,也是一种精神,对充满诱惑和浮躁的任何社会,应该都是一种可资借鉴的精神资源。但更为重要的是,在朱熹看来,颜回所乐

---

① 《朱子语类》第三册卷第四十四《宪问篇》,前揭,页 1142—1143。
② 参见《朱子语类》第四册卷第五十八《万章上》"伊尹以割烹要汤章"朱熹对伊尹乐尧舜之道的分析,充分地体现了这样一种乐道的精神(《朱子语类》第四册卷第五十八,前揭,页 1361—1363)。
③ 朱熹解释《论语·泰伯》"笃信好学"章"危邦不入,乱邦不居。天下有道则见,无道则隐"曰:"君子见危授命,则仕危邦者无可去之义,在外则不入可也。乱邦未危,而刑政纪纲紊矣,故洁其身而去之。"(《四书章句集注》《论语集注》卷四,前揭,页 106)
④ 《朱子语类》第四册卷第五十八《万章上》,前揭,页 1361—1363。

的是道,道又根于现实。① 他不以今生为苦海,也不避世而隐逸,谨遵尧舜之道,乐于尘世之中。② 没有道的指向,即使能超越于贫贱、富贵、出仕、货殖等外在生活条件和处境而乐,对追求内圣外王的儒家来说都没有意义。乐的生活所体现的是对道的追求。颜回早死,其道不显。但朱熹于"老风释雨"中博采众家、诠释经典、收徒讲学、辩论是非、书信讨论、出仕为官、修建书院,致力于南宋社会价值秩序的构建与践履,却有迹可循。虽然不同的时代道内涵不同,求道的方式也不同,但都要致力于不同思想资源的有机整合,都要面临现世生活境遇的种种考验,都必须面对纷繁复杂的人和事,却无不同。如此种种,仅凭单纯的知岂能独自担当?"天有不测风云,人有旦夕祸福",古今中外皆然。当外在的危机突然降临,知者有可能选择逃避,"乐道"者则绝对会去从容应对,以一份轻松的淡定悄然消解其"危"、捕捉其"机"。在"乐道"者的辞典里,没有恐慌,只有快乐。③ "乐道"者最需要的是养道,而不是反恐。颜回之乐,把自己的基础牢牢扎根于现实,又能

---

① 颜回之乐是乐在此岸,乐在现实,这从朱熹对"贤"的解释也可以看得很清楚。朱熹释《论语・卫灵公》"子贡问为仁"章曰:"贤以事言,仁以德言。"(《四书章句集注》《论语集注》,前揭,页163)
② 鲍吾刚(参见鲍吾刚,《中国人的幸福观・前言》,南京:江苏人民出版社,2004,页3—4)关于幸福的分析也很有意思。
③ 陈少明老师的《论乐:对儒道两家幸福观的反思》[参见陈少明,〈论乐:对儒道两家幸福观的反思〉,《哲学研究》,2008(9)]突出了《论语・雍也》孔子首尾两称颜贤之间的忧乐相对。"忧"和"恐"是两种截然不同的心理状态,忧是指向未来的担心,恐则是对现实的畏惧。忧和乐所体现的是一种人生的智慧,恐和慌则是人的一种本能的心理反应。在朱熹看来,孔子的根本人生态度是乐不是忧,更不是恐和慌。其门人董拱寿所记的一则关于孔子忧乐的对话故事比较有意思,兹录于此:"子击磬于卫。先生云:'如何闻击磬而知有忧天下之志?'或对曰:'政如听琴而知其心在螳螂捕蝉耳。'久之,先生曰:'天下固当忧,圣人不应只管忧。如"乐亦在其中",亦自有乐时。'或云:'圣人忧天下,其心自然如此,如天地之造化万物,而忧不累其心。'曰:'然则击磬之时,其心忧乎,乐乎?'对曰:'虽忧而未尝无乐。'又有曰:'其忧世之心,偶然见于击磬之时。'先生皆不然之,曰:'此是一个大题目,须细思之。'"(《朱子语类》第三册卷第四十四《宪问篇》,前揭,页1143—1144)

超越现实中那些被认为是苦谛,或者被认为是不能与之为伍而避之若浼的因素,也许,在朱熹看来,这才是孔子不从其所好,而从其所乐论颜回之贤的深层寓意。

本章专门从道的传承理念来考察朱熹对孔子门人言行的诠释,那么,朱熹所秉持的是一种什么样的传承理念呢?也就是说,朱熹继孟子、韩愈、二程之后重新确立道统谱系,他对于道的传承在根本上有什么新的思维呢?其实,从上文的分析中完全可以看出,在道的传承上,朱熹所推崇的实际上就是乐道的理念。朱熹重修道统,显然不仅仅是为了整理历史,其最终目的在于道的世代传承而不间断。据孔子,"知之者不如好之者,好之者不如乐之者"(《雍也》),据朱熹则更进一步,"乐之"不如颜回之"乐道"。传承者能与道为一并乐之,此道岂有不传不承之理?当然,这一理念不是抽象的,会通过道的具体传承方式、传承目的、传承内容等体现出来,下文将列三章分叙之。

第二章　子贡之知与言

上章已经言明孔颜所乐的是道,可以断定的是,孔颜绝不会据此而"独乐",否则孔颜就不足以为孔颜。① "孔颜之乐"要成为"众乐",就有一个传道的问题,随之也就有一个"知"与"言"的问题。《论语·宪问》曰:"有德者,必有言;有言者,不必有德。"所谓"有德者",即得道之人,如孔颜。虽然他们一定会为了"众乐"而言道,但对于受道者来说,就有一个如何从孔颜言语中"知"道的问题。② 同时,受道者在这一过程中不可避免地要与传道者对话,而且受道者自身很可能同时也是传道者,所以,"知"道的过程也是一个"言"道的过程,于是就有一个如何"言"道,以及如何使言道者一定有德的问题。对于儒家信仰共同体的成员来说,亲炙圣人,聆听其教诲,接受其点拨,是得道的重要途径之一。《论语·学而》记载,曾子甚至把"传不习乎"作为每天都要反省的三件重

---

① 参见陈少明老师《论乐:对儒道两家幸福观的反思》。
② 以二程为代表的一些理学家,常诫来学者勿只重听说话,这正说明如何从言语中"知"是一个问题。

要事情之一。因此,考察门人如何从圣人言语中知晓其所包含的道理,以及如何言说这些道理使其得以传承,对于对从小就立志于圣贤之学的朱熹①乃至希圣希贤的宋儒②的研究来说,就不是件没有意义的事情。在朱熹看来,孔门弟子中,除了"闻一知十"的颜回,就数"闻一知二"③的子贡最为"颖悟"和"俊敏"④,其在言语科虽然排名第二,却既"善观圣人",又"善言德行"。⑤ 第一章我们已经领略到了颜乐的知、言之难,那么当此类难题遇到以知、言著称的子贡时是否就不成其为问题了呢?本章将主要介绍子贡知、言的经验及其存在的问题,朱熹对这些问题的解决方式,最后揭示出知、言、行三者的作用机理及其普遍意义。

一、告往知来

朱熹认为,根据《论语》,孔子在与门人的日常交谈中,很少抽象地谈论关于人类精神生活的那些根本性道理,如《论语·子罕》

---

① 据黄榦所撰《朱子行状》记载"少长厉志圣贤之学"(《勉斋集》卷三十四《文公朱先生行状》,北京:书目文献社,1988)。门人刘砥录曰:"为学,须思所以超凡人圣。如何昨日为乡人,今日便为圣人! 须是竦拔,方始有进。"(《朱子语类》第一册卷第八《总论为学之方》,前揭,页134)
② 如《宋史》卷四二七《列传第一百八十六·周敦颐 程颢 程颐 张载 弟戬 邵雍》:张载称二程兄弟"从十四五时,便脱然欲学圣人,故卒得孔、孟不传之学,以为诸儒倡"。周敦颐《通书·志学第十》曰:"圣希天,贤希圣,士希贤。伊尹、颜渊,大贤也。志伊尹之所志,学颜子之所学。"
③ 《论语·公冶长》。
④ 《四书章句集注》曰:"盖孔门自颜子以下,颖悟莫若子贡。"(卷十,页188)《朱子语类》沈僴录曰:"子贡俊敏,子夏谨严。孔子门人自曾、颜而下,惟二子,后来想大故长进。"(第六册卷第九十三《孔孟周程张子》,页2354)"圣门自曾、颜而下,便须逊子贡。如冉、闵非无德行,然终是晓不甚得,担荷圣人之道不去。所以孔子爱呼子贡而与之语,意盖如此。"(《朱子语类》第二册卷第二十八《公冶长》上,前揭,页720)
⑤ 《四书章句集注》《论语集注》卷一引谢良佐,前揭,页51。

的"子罕言利与命与仁",《集注》引伊川曰:"计利则害义,命之理微,仁之道大,皆夫子所罕言也。"① 但"罕言"绝非不言,"罕言者,不是不言,又不可多言,特罕言之耳"。② 要明白圣人所"罕言"的大本大根道理,需要一定的资质条件,"圣人之道,大段用敏悟,晓得时,方担荷得去"。③ 在朱熹看来,孔门弟子中,自曾颜以下数子贡最为敏悟,"虽所行未实,然他却极是晓得,所以孔子爱与他说话"。④

《论语·学而》记载了子贡与孔子的这样一则对话:

> 子贡曰:"贫而无谄,富而无骄,何如?"
> 子曰:"可也。未若贫而乐,富而好礼者也。"
> 子贡曰:"诗云:'如切如磋,如琢如磨。'其斯之谓与?"
> 子曰:"赐也,始可与言诗已矣!告诸往而知来者。"

(《学而》)

其中"始可与言诗已矣"体现了孔子与子贡说话的乐趣,"告诸往而知来"中的"来"属于"罕言"之"言",是未经明言的思想内容,子贡的敏悟也主要表现在孔子"告诸往而知来者"的这一评价中。所以,对"往"和"来"的理解就很关键。

关于"往"和"来"尤其是"来"的具体所指,宋以前的历代注家并无大的分歧,基本上都是以"贫乐富礼"为"往","切磋琢磨"为"来"。⑤ 具体对"切磋琢磨"的理解,一般都采用《尔雅·释器》"骨

---

① 《四书章句集注》《论语集注》卷五,前揭,页109。
② 《朱子语类》第三册卷第三十六《子罕篇上》,前揭,页948。
③ 《朱子语类》第二册卷第二十八《公冶长》上,前揭,页720。
④ 同上。
⑤ 如汉孔安国曰:"子贡知引诗以成孔子义,善取类,故然之。往告之以贫而乐道,来答以切磋琢磨者也。"《论语集释》第一册卷二《学而下》引,页57)皇疏也认为:"言我往告之以贫乐富礼,而子贡来答,知引切磋之诗以起予也。"《皇疏》(转下页)

谓之切,象谓之磋,玉谓之琢,石谓之磨"和郭璞"皆治器之名也"的解释,但到宋代的苏轼却发生了变化,他把作为"治器之名"的"切磋琢磨"理解为精粗程度不同的两种治器工艺,并进一步把"往"、"来"分别理解为"已言者"、"未言者"。苏氏曰:"磋者,切之至者也,磨者,琢之详者也。切之可矣,而复磋之,琢之可矣,而复磨之,君子之学也,欲其见可而不止也。往者,其已言者也;来者,其未言者也。子贡言'贫而无谄,富而无骄',此之所谓可者。盖贫则防其谄也,富而防其骄也,纷纷乎自防之不给。孔子曰:'贫而乐,富而好礼。'夫贫而乐,虽欲谄不可得也;富而好礼,虽欲骄亦不可得也,岂不贤于彼二言哉!然亦未可以为至也。自是而上,见可而不止,则必有至焉者矣。子贡得是二言而识其所未言者,故孔子予之。"①朱熹对苏轼关于"切磋琢磨"的理解②、"往"

(接上页注⑤)引江熙云:"古者赋诗见志,子贡意见,故曰可与言诗矣。夫所贵悟言者,既得其言又得其旨也,告往事而知将来。"《八佾》"巧笑"章《皇疏》又引沈居士云:"孔子始云'未若贫而乐道,富而好礼',未见贫者所以能乐道,富者所以能好礼之由。子贡答曰'切磋琢磨',所以得好礼也,则是非但解孔子旨,亦是更广引理以答也,故曰'告诸往而知来者也'。"(皇侃《论语义疏》卷一、卷二)江熙和沈居士虽知道言后有旨,但并没有点出其具体内容。

① 《四书或问》引,前揭,页129。
② 朱子对"切磋琢磨"的琢磨也是下了一番功夫的,并非单纯简单地接受苏轼的解释。《论语或问》对该章的五个设问中,有三个设问就是关于"切磋琢磨"的,第二个设问及其解答为:"曰:然则切磋琢磨之别,其详可得闻乎?曰:古之工事,不可考也。以今言之,则治骨角者,切以刀,磋以鑢,治玉石者,琢以锥凿,而磨以沙石。也大抵切琢成形,磋磨入细,以理推之,古今当亦不相远耳。"可以看出,朱子根据当时的生活经验,直接将治器换成了"刀"、"鑢"、"锥凿"、"砂石",使得对"切磋琢磨"所作的"治器工艺"的理解似乎更有说服力。第三个设问及其解答为:"曰:大学之传,亦引此诗,而以道学自修释之,今诸家引为此章之说,而子不然,何也?曰:古人引诗,断章取义,姑以发己之志而已,或疏或密,或同或异,不能齐也。彼传所释,盖亦以精粗为言,然于诗文,则磋琢二字有不协者,今必引以释此,不亦拘之甚哉?"(《四书或问》,前揭,页129)此外,《大学或问》已分别对"如切如磋"和"如琢如磨"作了"已精而益求其精"和"已密而益求其密"的解释(《四书或问》,前揭,页16)。《大学章句》也将"如切如磋"和"如琢如磨"解释为"治骨角者,既切而复磋之。治玉石者,既琢而复磨之。皆言其治之有绪,而益致其精也"(《四书(转下页)

"来"之"已言者"与"未言者"的解释、所已言"贫无谄富无骄"和"贫乐富礼"之"往"的比较分析都非常认同,①但对其把"必有至焉者"当作所未言之"来"的观点却持否定的看法,《或问》曰:

> 苏氏之说,于文意最为得之,吾之说,诚不异乎彼矣。然其大旨则有不同焉者,故不得据以为说也。盖彼谓乐而好礼,未足为至,自是而不已,则是将有至焉者矣。而吾谓以贫富而为言,则至于乐与好礼而无以加矣。夫苏氏之意,岂以为将有忘乎贫富者,然后为至耶? 此老、佛之余,而非孔子之意矣。故胡氏非之曰:"贫而乐,非颜子不能;富而好礼,非周公不能。夫子所以诱掖子贡者高矣,犹以为未至,则孰可以为至者耶?"其说当矣。②

苏轼以"切之可矣,而复磋之,琢之可矣,而复磨之"类比"君子之学欲其见可而不止",又从"贫乐富礼"贤于"贫无谄富无骄"的经验事实,得出"贫乐富礼"亦"未可以为至","自是而上,见可而不止,则必有至焉者"的结论,这是朱熹所不能接受的。不能接受的理由不在于其进一步探寻所未言之"来"的尝试,而在于其探寻所未言之"来"的老佛方式。朱熹认为"以贫富而为言,则至于乐与好礼而无以加矣",如果按照苏轼的理解,就有"忘乎贫富者然后以为至"的老佛嫌疑。③ 试图在经验世界以外去寻找一个"至",这

(接上页注②)章句集注》,前揭,页6)。

① 至于二程及其门人关于"来"的讨论(参见《朱子全书》第七册《论语精义》卷第一上,前揭,页59-60),朱子认为"皆不得其文义"(《四书或问》,前揭,页130)。
② 《四书或问》,前揭,页129-130。
③ 《四书章句集注》曰:"无谄无骄,则知自守矣,而未能超乎贫富之外也。"(《四书章句集注》《论语集注》卷一,前揭,页52)黄式三《论语后案》据此认为《集注》与《或问》相矛盾,并试图予以调和:"苏氏云:'忘乎贫富然后为至'(此实为朱子的推测,并非苏氏的原文),朱子于《或问》斥之,而此注仍用之。式三谓君子之于(转下页)

在朱熹看来,就违背了孔子的原意。

朱熹与其门人关于"往"和"来"的讨论较为热烈:

> 曾光祖云:"'贫而无谄,富而无骄',须是先能如此,方可以到那乐与好礼田地。"曰:"不特此章如此,皆是恁地。如适来说'食无求饱'样,也是恁地。"义刚。
>
> 吴仁父问此章。曰:"后面子贡举诗之意,不是专以此为'贫而乐,富而好礼'底工夫。盖见得一切事皆合为此,不可安于小成而不自勉也。"时举。
>
> 子路衣敝缊袍而不耻,孔子称其"不忮不求"。它实到此位,但便以此自喜,故孔子曰:"是道也,何足以臧!"它方知道尚有功夫在。此正与子贡"无谄无骄"一章相似。铢。①

此前,朱熹与其门人讨论《论语·学而》"君子食无求饱"章时指出:"若只不求安饱,而不谨言敏行,有甚意思!若只谨言敏行,而不就正于有道,则未免有差。若工夫不到,则虽就有道亦无可取正者。圣人之言,周备无欠阙类如此。"②朱熹在此把"贫无谄富无骄"未若"贫乐富礼"之"往"与"食无求饱,居无求安"、"敏事慎言"、"就正于有道"、"功夫到"的逐步递进,以及孔子对子路从"不忮不求"到"何足以臧"的诱掖等经验事实进行比较,试图从中概

(接上页注③)贫富,有忘有不忘。乐之至,则不知己之贫,礼之恭,则不知己之富,此忘之之时也。贫毋逸乐,富则不劳,富必备礼,贫则从简,素位而行,随分自尽,此不忘之也。"(《论语集释》第一册卷二《学而下》引,前揭,页 55—56)其实,只要仔细辨别,《集注》与《或问》并不矛盾:首先,朱子所谓"忘乎贫富然后为至"者并非指的是"乐而好礼";其次,朱子所言"超乎贫富之外"是表明不能割断未言之"来"与经验世界之间的联系。

① 《朱子语类》第二册卷第二十二《学而篇下》,前揭,页 528—531。
② 同上,前揭,页 526—527。

括出一个具有周遍性的"来"①:

> 叔蒙问:"子贡云:'如切如磋,如琢如磨。'若只是说夫子乐与好礼之意,又何以谓之'告往知来'?"曰:"他说意思阔,非止说贫富,故云'告往知来'。"贺孙。
>
> 仲思问乐与好礼。曰:"无谄无骄,此就贫富里用功耳。乐与好礼,则大不干事。至此,盖富亦乐,贫亦好礼,而言贫乐富好礼者,但且因贫富上而举其重者耳。"伯羽。
>
> 问:"'知来',指何者而言?"曰:"子贡于此煞是用工夫了,圣人更进他上面一节,以见义理不止于此。然亦不止就贫富上说,讲学皆如此,天下道理更阔在。"寓。②

"来"的"意思阔",其义理无穷,"不止就贫富上说,讲学皆如此,天下道理更阔在"。那么这个周遍性的"来"具体所指什么呢?

> 问"贫而无谄"章。曰:"公只管缠某'义理无穷'一句。子贡问无谄无骄,夫子以为仅可,然未若乐与好礼。此其深浅高下,亦自分明。子贡便说切磋琢磨,方是知义理之无穷也。"直卿云:"……人须就学问上做工夫,不可少有得而遽止。诗所谓'如切如磋,如琢如磨',治之已精而益求其精者,其此之谓乎。故子曰:'赐也可与言诗,告诸往而知来。'告其所已言者,谓处贫富之道;而知其所未言者,谓学问之功。"南升。倪录别出。

---

① 朱子与门人讨论《论语·公冶长》颜回"闻一知十"的问题时指出:"知十,亦不是闻一件定知得十件,但言知得多,知得周遍。"(《朱子语类》第二册卷第二十八《公冶长上》,前揭,页721)"闻一知二"的子贡虽相对知得少,却同样须知得周遍。"来"在这里就具有这种周遍的特性。
② 《朱子语类》第二册卷第二十二《学而篇下》,前揭,页530-531。

第二章　子贡之知与言

文振问"贫而无谄"一章。曰:"……集注中所谓'义理无穷'者,不是说无谄无骄至乐与好礼处便是义理无穷,自是说切磋琢磨处精而益精尔。"倪。

陶安国问"贫而无谄"章。曰:"圣门学者工夫确实缜密,逐步挨去,下学上达。如子贡之无谄无骄,是它实做到这里,便只见得这里。圣人知其已是实了得这事,方进它一步。它方始道上面更有个乐与好礼,便豁然晓得义理无穷。学问不可少得而遽已也,圣门为学工夫皆如此。……今之学者先知得甚高,但著实行处全然欠阙了。且如乐与好礼,今人皆知道是强得无谄无骄,便贪要说它。却不知无谄无骄功夫自未实进得,却恐从这处做病痛。程门诸公不能尽闻伊川之说,然却据它所闻各做工夫。今语录悉备,向上道理知得明,皆说得去,只是就身分上切实工夫大欠了。"铢。①

"知义理无穷"是《集注》对子贡引诗的解释,《集注》曰:"《诗·卫风·淇澳》之篇,言治骨角者,既切之而复磋之;治玉石者,既琢之而复磨之;治之已精,而益求其精也。子贡自以无谄无骄为至矣,闻夫子之言,又知义理之无穷,虽有得焉,而未可遽自足也,故引是诗以明之。"②自然,这无穷的义理就是子贡引"如切如磋,如琢如磨"所要表达的,也是孔子"告往知来"评价中的"来"。上文所引的第二条语录已经表明,"义理无穷"不是指"无谄无骄至乐与好礼处",而"是说切磋琢磨处精而益精尔"。引文中体现这种"切磋琢磨处精而益精"精神的关键句还有:"人须就学问上做工夫,不可少有得而遽止";"告其所已言者,谓处贫富之道,而知其所未言者,谓学问之功";"学问不可少得而遽已也,圣门为学工夫皆如

---

① 《朱子语类》第二册卷第二十二《学而篇下》,前揭,页530—531。
② 《四书章句集注》《论语集注》卷一,前揭,页53。

此";"今之学者先知得甚高,但著实行处全然欠阙了"。可见,《或问》、《语类》、《集注》对"来"的理解是完全一致的,这个"来"就是"不可少得而遽已"的"圣门为学功夫"。而且"学问不可少得而遽已也,圣门为学工夫皆如此"的论断表明这个"来"是完全周遍的。《集注》有一按语:

> 此章问答,其浅深高下,固不待辨说而明矣。然不切则磋无所施,不琢则磨无所措。故学者虽不可安于小成,而不求造道之极致;亦不可骛于虚远,而不察切己之实病也。①

这是对全章义理的总结,强调要从切己处用功,这也正是朱熹在与门人讨论中所反复说明的。② 至此,已不难得出结论,在朱熹那里,从切己处用功、"不可少得而遽已"的"圣门为学功夫"就构成为具有周遍性之义理的重要内容。现在的问题在于这种周遍性似乎不是很可靠。在经验方面,朱熹下了很多的功夫,如根据当时的生活经验对"切磋琢磨"重新做出解释,列举了若干《论语》中与本章情节相似的经验事实进行比较,并针对当时学者"就身分上切实工夫大欠"的现实情况展开议论;在周遍性方面,朱熹提出了"不特此章如此,皆是恁地"、"意思阔"、"一切事皆合为此"、"讲学皆如此"、"圣门为学工夫皆如此"等全称性的判断。以上三类经验除了《论语》中其他与本章相类似的经验事实能确保在《论语》所反映的生活世界范围内"圣门为学功夫皆如此"的周遍性外,其他两类经验的周遍性都是无法保障的。

朱熹还注意到了本章孔子对子贡所做的"赐也,始可与言诗

---

① 《四书章句集注》《论语集注》卷一,前揭,页53。
② 参见《朱子语类》第二册卷第二十二《学而篇下》,前揭,页528—531。

已矣"的评价,对《诗》做出了与众不同的解释。① 他与门人讨论《论语·为政》"诗三百"章曰:

> 若是常人言,只道一个"思无邪"便了,便略了那"《诗》三百"。圣人须是从《诗》三百逐一篇理会了,然后理会"思无邪",此所谓下学而上达也。今人止务上达,自要免得下学。如说道"洒埽应对进退"便有天道,都不去做那"洒埽应对进退"之事。到得洒埽,则不安于洒埽;进退,则不安于进退;应对,则不安于应对。那里面曲折去处,都鹘突无理会了。这个须是去做,到得熟了,自然贯通。到这里方是一贯。古人由之而不知,今人不由而但求知,不习而但求察。贺孙。②

周遍的"思无邪"是孔子逐一理会三百篇《诗》后得出的结论,在"三百"这一确定的范围内,每篇逐一理会的经验就能确保"思无邪"的周遍性。所以,《集注》曰:

> 凡诗之言,善者可以感发人之善心,恶者可以惩创人之逸志,其用归于使人得其情性之正而已。然其言微婉,且或各因一事而发,求其直指全体,则未有若此之明且尽者。故夫子言《诗》三百篇,而惟此一言足以尽盖其义,其示人之意亦深切矣。③

---

① 黄式三《论语后案》指出:"朱子驳《诗序》,因以'无邪'指读《诗》者言,不指《诗》言。"(《论语集释》第一册卷三《为政上》引,前揭,页65)朱子与门人讨论中也多次谈到这一问题(参见《朱子语类》第二册卷第二十三《为政篇上》,前揭,页545—546)。
② 《朱子语类》第二册卷第二十三《为政篇上》,前揭,页538。
③ 《四书章句集注》《论语集注》卷一,前揭,页53—54。

《诗》反映的生活世界所体现的"思无邪",必须通过逐一理会的方式加以体会,如果只是在理论层面上抽象地谈论,就不如具体感发来得明白和透彻。这表明,在朱熹看来,对某种周遍性的原则不能只满足于知晓,更重要的在于对这一原则在不同时空条件下的践履功夫。从切己处用功、"不可少得而遽已"的"圣门为学功夫"本身就属于这样一种原则。也许,这就是孔子对"所行未实,然却极是晓得"的子贡做出"始可与言诗,告诸往而知来者"之评价的深切用意。通过对孔子之"言"的领会,对作为"来"的内涵的"圣门为学功夫",子贡是知了,但这是对孔子"言"中之"来"的知,是对作为原则和观念之"来"的知,那么,对"言"外之"来",子贡是否也知呢?

二、天何言哉

当孔子告以"贫乐富礼"之"往"时,"闻一知二"的子贡能知"来",并得到了老师"始可与言诗"的肯定性评价;但当孔子告以"予欲无言"时,擅长于言语的子贡立刻就陷入了困境。《论语·阳货》记录了这样一幅场景:

> 子曰:"予欲无言。"
> 子贡曰:"子如不言,则小子何述焉?"
> 子曰:"天何言哉?四时行焉,百物生焉,天何言哉?"
> (《阳货》)

向来处事从容的子贡此时竟然慌了手脚,表现得很无助,与前文"贫而无谄"章以诗作答的优雅情景形成了鲜明的对照,不仅"小子何述"给人传达的是紧张与担忧的信息,而且当孔子两言"天何言哉"后，才思敏捷而又善于言语的子贡竟无动于衷，没有回应。它表明，当孔子无言时，子贡因无闻，其知就出了问题！

其实，当一个人明确表示"予欲无言"时，已经不是"无言"，而是已有所言，其表达的意思可能是以下四者之一：一是因为言往往不能尽意，它所表达的是一种无奈；二是根据与之言说对象的特点，循循善诱，引导对方明白某种道理，它所表达的是一种期待；三是凭借自己的威望与口碑等因素，不言也能使人相信，它所表达的是一种自信；四是与之言说的对象总是不能明白自己的言语所要表达的意思，以至于准备放弃继续言说的努力，它所表达的是一种失望。这四种可能中，除了最后一种，①其他三种都曾成为历代不同学者解释时的选择，这里要重点考察的是第一、二种。②

魏何晏解"予欲无言"曰："言之为益少，故欲无言。"梁皇侃《论语义疏》引王弼曰："予欲无言，盖欲明本，举本统末而示物于极者也。夫立言垂教，将以通性，而蔽至于湮。寄旨传辞，将以正邪，而势至于繁。既求道中，不可胜御，是以修本废言，则天而行化，以淳而观，则天地之心见于不言，寒暑代序，则不言之令行于四时，天岂谆谆者哉？"③显然，何、王两者重点关注的只是孔子，似

---

① 《论语·述而》记载："子曰：'二三子以我为隐乎？吾无隐乎尔。吾无行而不与二三子者，是丘也。'"这表明孔子总是因人施教，诲人不倦，从不放弃。朱子《论语集注》解曰："诸弟子以夫子之道高深不可几及，故疑其有隐，而不知圣人作、止、语、默无非教也，故夫子以此言晓之。"并引程子曰："圣人之道犹天然，门弟子亲炙而冀及之，然后知其高且远也。使诚以为不可及，则趋向之心不几于怠乎？故圣人之教，常俯而就之如此，非独使资质庸下者勉思企及，而才气高迈者亦不敢躐易而进也。"（《四书章句集注》，前揭，页 98—99）这表明，在朱子看来，放弃继续言说的努力不是孔子"予欲无言"的意图。
② 第三种以程门弟子吕大临为代表，他提出："德孚于人，故不言而信。"（《朱子全书》第七册《论语精义》卷第九上，前揭，页 586）朱子指出这种解释也"非夫子之意，若如其说，则孔子以为德孚于人，而欲不言以信之也，其广已如此大，圣人气象其必不然矣"（《四书或问》，前揭，页 380—381）。
③ 程树德《论语集释》第四册引，前揭，页 1227。

乎对子贡视而不见,前者是从"慎言"、后者是从"明本"的意义上来理解孔子的"予欲无言",二者都把言不能尽意的局限性作为孔子"欲无言"的根据。① 唐代的韩愈则开始跳出这种言的局限性,把该段对话解读为孔子对子贡的开导诱掖,韩愈曰:"此义最深,先儒未之思也。吾谓仲尼非无言也,特设此以诱子贡,以明言语科未能忘言,至于默识,故云天何言哉?"②程颢则进一步凸显出颜回的默识以及回赐之高下:"孔子道如日星之明,犹患门人未能尽晓,故曰'予欲无言。'如颜子则便默识,其他则未免疑问,故曰'小子何述。'"又曰:"'天何言哉,四时行焉,百物生焉',可谓明白矣。"③但程子门人似乎没能明白老师的深意,提出的解释有些不得要领。除了范祖禹"有言则入于二者"的庄生之说,杨时还提出了"理有言之不能论者"的观点。④朱熹在《或问》中重点对此进行了批评:

> 杨氏以为子贡能言,而理有言之不能论者,故夫子以是发之。夫谓夫子固以是发子贡者,信矣,然理之实,形于事物之间,而其论不必得于言说之际,盖无不可论之理也。圣人于此,但以子贡专求之于言语之间,而不察诸践履事为之实,故言此以发之,以见夫言之所论者,其实在此,而非以为子贡

---

① 这种理解后来在程门弟子那里还有影响,范祖禹就认为"言未有不入于二者也,不言则无乎不在其中,故曰天焉。是以夫子志于不言,凡言皆不得已也"(《朱子全书》第七册《论语精义》卷第九上,前揭,页586)。在《或问》中,朱子指出:"范氏所谓'有言则入于二者',庄生之说也。以为夫子未免有有言,而方有意于不言,是亦不足以言圣人矣。"(《四书或问》,前揭,页380)
② 程树德《论语集释》第四册引,前揭,页1227—1228。
③ 程颐也持类似观点:"以子贡多言,故告之以此。"(《朱子全书》第七册《论语精义》卷第九上,前揭,页586)
④ 杨时曰:"子贡能言者也,而天下之理有言之不能谕者,故子曰予欲无言以发之。《易》曰:'默而成之,不言而信,存乎德行。'《记》曰:'天道至教,圣人至德。'其斯之谓乎?"(《朱子全书》第七册《论语精义》卷第九上,前揭,页587)

能言,而于此有所不能论也。故因子贡之未喻,而复以四时行、百物生晓之。夫天之不言,而四时行、百物生者,特不待言而理自著耳,岂言不能论之谓耶? 且其所引以为说者,如曰默而成之,不言而信,天道至教,圣人至德,夫岂言不能论之谓耶? 且必以为理有不可论者,是亦老、佛之意耳。夫既曰理矣,则仁义礼智,君臣父子之间,无不可言者。特以为专求之言,而不察其实,则为不可。而其实则又有不待言而显者耳,夫岂以为日用彝伦之外,别有一物恍恍惚惚,迥脱根尘,而不可以言论耶? 必由是说,近则失其文义,而不可寻绎,远则乖于天理,而流于异端,不可以不深察也。①

朱熹认为理是可言的,因为理本身就存在于天地万物的变化和日用人伦的关系之中,已言的"默而成之,不言而信"、"天道至教,圣人至德"等经典话语本身也说明了理的可言。这样,朱熹就借助于事实上天理的流行与经验中已言的"天道",暂时消解了言的局限,②并与企图在经验事实之外求道的老、佛倾向划清了界限。但值得注意的是,言的局限性问题虽然是朱熹在这里必须正视而不

---

① 《四书或问》,前揭,页381。
② 朱子在《或问》中解释《论语・公冶长》"子贡曰夫子之文章"章时,也是借助于已言的经验来消解言理的局限:"抑如子贡者,夫子尝告以'一以贯之'矣,又告以'天何言哉'矣,又告之以'知我其天'矣,则固不可谓未尝以告之。……使圣人果绝口而未尝言也,则学者何以知夫性与天道之目,而求所以自得之? 若其晓然号于众曰:'吾有所谓性与天道者,在乎不言之中,而欲学者之自得。'则其言之已甚,而又骎骎乎佛、老之意矣,安得谓之未尝言而不可闻哉!"(《四书或问》,前揭,页201—202)朱子在与门人讨论则采用了另外一种消解方式:先生问林择之:"'天何言哉? 四时行焉,百物生焉',此三句何句较好?"对曰:"'四时行,百物生'二句好。"先生因说:"择之看得是。只'四时行,百物生',所谓'天何言哉',已在其中矣。"(《朱子语类》第四册卷第四十七《阳货篇》,前揭,页1189)朱子认为,"在其中"是《论语》中的一种特殊句式,其实际的涵义是"求此而得彼"(《朱子语类》第二册卷第二十四《为政篇下》,前揭,页591。关于这一句式的涵义,后文第四章还将详细讨论),朱子在此运用这一句式"言在其中",意在说明理的可言。

能回避的,但朱熹解决此问题的着眼点却在于凸现这一段对话中隐含的、子贡在"知"上存在的两个问题:一是"专求之于言语之间,而不察诸践履事为之实";二是不明白"不待言而理自著"的道理。这在《集注》中同样反映得很清楚,不过,《集注》更加突出的是"不察其天理流行之实,有不待言而著"的问题:

> 子曰:"予欲无言。"学者多以言语观圣人,而不察其天理流行之实,有不待言而著者。是以徒得其言,而不得其所以言,故夫子发此以警之。子贡曰:"子如不言,则小子何述焉?"子贡正以言语观圣人者,故疑而问之。子曰:"天何言哉?四时行焉,百物生焉,天何言哉?"四时行,百物生,莫非天理发见流行之实,不待言而可见。圣人一动一静,莫非妙道精义之发,亦天而已,岂待言而显哉?此亦开示子贡之切,惜乎其终不喻也。①

在朱熹看来,老师说"予欲无言",子贡对以"小子何述",既印证了"子贡正以言语观圣人者",同时子贡对孔子"天何言哉"的无动于衷,也说明虽然老师对子贡开示之切,"惜乎其终不喻也",难怪程颢要抬出颜回与子贡作比较:"颜子则便默识"。② 正是子贡"小子何述"所表达的紧张与担心,反映出擅长言语的子贡此时还只能从圣人言语中,而不是从圣人的动静和天理的流行中去求道。③

---

① 《四书章句集注》,前揭,页180。
② 《论语》中关于颜回言行的记载虽不如子贡、子路多,但有关他默识的记载却有三条:《为政》篇的"吾与回言终日"章、《先进》篇的"回也非助我者"章、《颜渊》篇的"颜渊问仁"章。
③ 朱熹认为,直到后来子贡说"夫子之文章,可得而闻也;夫子之言性与天道,不可得而闻也"(《论语·公冶长》)时,子贡这两个方面的问题才得以克服,朱熹曰:"盖圣门教不躐等,子贡至是始得闻之,而叹其美也。"(《四书章句集注》,前揭,页79)

三、博济之病

《论语》中,孔子对"仁"的"罕言"来自受教学生的观察,如果从施教的角度来看,则可以发现,孔子以"仁"为坐标,根据现实经验中存在的"巧言"和"讷言"两种极端现象,给学生提出了"慎言"、"讱言"的建议。① 朱熹对孔子的这一建议也给出了相应的解释,《语类》曰:"巧言即所谓花言巧语。"②《集注》曰:"巧言""致饰于外,务以悦人",将导致"人欲肆而本心之德亡",③会"变乱是非,听之使人丧其所守"。④ 至于"讷言",《集注》一方面引谢良佐"放言易,故欲讷",⑤引杨时讷者"不至于外驰";另一方面又引伊川讷者"迟钝"⑥之说。认为"巧言"和"讷言"都各有所弊,⑦前者实为

---

① 原文分别为:"子曰:'巧言令色,鲜矣仁。'"(《学而》,《阳货》)"子曰:'刚毅、木讷,近仁。'"(《子路》)"子曰:'君子欲讷于言而敏于行。'"(《里仁》)"子曰:'君子食无求饱,居无求安,敏于事而慎于言,就有道而正焉,可谓好学也已。'"(《学而》)"司马牛问仁。子曰:'仁者其言也讱。'曰:'其言也讱,斯谓之仁已乎?'子曰:'为之难,言之得无讱乎?'"(《颜渊》)
② 《朱子语类》第二册卷第二十《学而篇上》,前揭,页479。此外,朱子在给门人解释《论语》"巧言鲜仁"与《礼记·表记》"辞欲巧"的矛盾时对这两个"巧"进行了区分,前者为"机巧",后者为"辞之委曲"。门人金去伪录曰:"《记》言'辞欲巧',非是要人机巧,盖欲其辞之委曲耳。如《语》言:'夫子为卫君乎?'答曰:'吾将问之。'入曰:'伯夷叔齐何人也?'之类是也。"(《朱子语类》第二册卷第二十《学而篇上》,前揭,页479)
③ 《四书章句集注》《论语集注》卷一,前揭,页48。
④ 同上,卷八,前揭,页167。
⑤ 同上,卷二,前揭,页74。
⑥ 同上,卷七,前揭,页148。
⑦ 范祖禹在讨论《里仁》"君子欲讷于言敏于行"章时说:"讷与辩,皆人性固所有也,惟自修者,则欲讷于言而敏于行。行之而不能言,君子所贵也;言之而不能行,君子所贱也。"(《朱子全书》第七册《论孟精义》卷第二下,页161)朱子认为(转下页)

不仁,①后者则为迟钝笨拙。言说圣人之道,既不能"巧",也不能"讷",而应"慎"、"切"。所谓"慎言"者,是"不敢尽其所有余也";②所谓"切言"者,是指"其言若有所忍而不易发"③。显然,这里实际所点出的是言之难。朱熹非常重视言语的作用,他在与门人讨论《孟子》"知言养气"时就指出:"圣门以言语次于德行,言语亦大难。若非烛理洞彻,胸次坦然,即酬酢应对,蹉失多矣!"④

朱熹非常关注《论语·雍也》中一段子贡与孔子言"仁"的对话:

> 子贡曰:"如有博施于民而能济众,何如?可谓仁乎?"
> 子曰:"何事于仁,必也圣乎!尧舜其犹病诸!夫仁者,己欲立而立人,己欲达而达人。能近取譬,可谓仁之方也已。"

孔门弟子中除了颜回,以子贡最为善问,但这一次问仁,据孔子"何事于仁,必也圣乎,尧舜其犹病诸"的评价,朱熹认为子贡"问

(接上页注⑥)范祖禹的理解"于义有所偏","能言而不能行者,固可贱矣,而君子亦何必取于不能言者而贵之耶?"(《四书或问》,前揭,页192)这表明朱子看到了讷者的不足,看到了恰当言说的重要作用。

① 关于"鲜矣仁"之"鲜",《集注》专门解释为"圣人辞不迫切,专言鲜,则绝无可知,学者所当深戒也",并引伊川"知巧言令色之非仁,则知仁矣"(《论语集注》卷一,页48)。与门人讨论时也对此作了较为详细的解释,陈淳录曰:"人多解作尚有些个仁,便粘滞,咬不断了。子细看,巧言令色,心皆逐物于外,大体是无仁了。纵有些个仁,亦成甚么!所以程子以巧言令色为非仁。'绝无'二字,便是述程子之意。"(《朱子语类》第二册卷第二十《学而篇上》,前揭,页480)
② 《四书章句集注》《论语集注》卷一,前揭,页52。
③ 《四书章句集注》《论语集注》卷六,前揭,页133。
④ 《朱子语类》第四册卷第五十二《公孙丑上》,页1242。此外,朱子与门人讨论《论语·为政》"子贡问君子"章时也强调了言语的作用。如万人杰录曰:"其实'有德者必有言',若有此德,其言自足以发明之,无有说不出之理。夫子只云'欲讷于言而敏于行','敏于事而慎于言',未尝说无事于言。"(《朱子语类》第二册卷第二十四《为政篇下》,前揭,页580)

得不亲切","问得空,浪广不切己":

> 是子贡问得不亲切。若如子贡之说,则天下之为仁者少矣。一介之士,无复有为仁之理。南升。
>
> 仁本切己事,大小都用得。他问得空,浪广不切己了,却成疏阔。似此看"仁"字,如何用得? 如何下得工夫? 中间看得一句,常人固是做不得,虽圣人尚以此为病。寓。①

为什么说子贡"问得不亲切"、"问得空,浪广不切己"呢? 朱熹认为主要的原因在于子贡以"博施济众"言仁,即仅仅从仁的功用言仁②。于是,《或问》首先就直接针对"博施济众"提出问题:

> 或问:博施济众,必也圣乎,此言必圣人而后能之乎? 曰:不然,此正谓虽圣人亦有所不能耳。③

朱熹在回答门人同样的问题时也举出实证:

> 问"必也圣乎,尧舜其犹病诸"。曰:"此两句当连看。盖云,便是圣人,也有做不得处。且如尧舜,虽曰'比屋可封',然在朝亦有四凶之恶。又如孔子设教,从游者甚众,孔子岂不欲人人至于圣贤之极! 而人人亦各自皆有病痛。"焘。④

---

① 《朱子语类》第三册卷第三十三《雍也篇四》,页843。《集注》还引吕大临曰:"子贡有志于仁,徒事高远,未知其方。孔子教以于己取之,庶近而可入。是乃为仁之方,虽博施济众,亦由此进。"(《四书章句集注》《论语集注》卷三,前揭,页92)

② 门人黄义刚对这段对话有过一个概括:"此章也是三节:前面说仁之功用,中间说仁之体,后面说仁之方。"朱子认为这一概括"极是"(《朱子语类》第三册卷第三十三《雍也篇四》,前揭,页844)。

③ 《四书或问》,前揭,页232。

④ 《朱子语类》第三册卷第三十三《雍也篇四》,前揭,页843。

《集注》引伊川之言进一步说明,"博施济众"、"修己以安百姓"①虽圣人之所欲,然有所不及:

> 《论语》言"尧舜其犹病诸"者二。夫博施者,岂非圣人之所欲?然必五十乃衣帛,七十乃食肉。圣人之心,非不欲少者亦衣帛食肉也,顾其养有所不赡尔,此病其施之不博也。济众者,岂非圣人之所欲?然治不过九州。圣人非不欲四海之外亦兼济也,顾其治有所不及尔,此病其济之不众也。推此以求,修己以安百姓,则为病可知。苟以吾治已足,则便不是圣人。②

"博施济众"连圣人都有所不能,普通的一介之士就更是无能为力,只能望"仁"兴叹了。其结果就是:

> "博施济众",是无尽底地头,尧舜也做不了。盖仁者之心虽无穷,而仁者之事则有限,自是无可了之理。若欲就事上说,便尽无下手处。时举。③

这对热衷于希圣希贤的宋儒来说,自然是"不亲切"、"浪广不切己"。应该说,子贡以"博施济众"言仁,朱熹据此揭示出无限的"仁者之心"与有限的"仁者之事"的矛盾,其思想是深刻的④。这种深刻不仅在于它揭示出在具体行仁过程中,"博众"在数量上只

---

① 《论语·宪问》。
② 《四书章句集注》《论语集注》卷三,前揭,页92。
③ 《朱子语类》第三册卷第三十三《雍也篇四》,前揭,页843。
④ 与此形成鲜明对照的是,宋以前只是满足于孔安国"君能广施恩惠,济民於患难,尧、舜至圣,犹病其难"(何晏等注、邢昺疏《论语注疏》卷六,页83)的文字疏解,没有注意到文字背后所隐含的意义。

能达到一定的界限；①更在它隐含着，在具体的行仁实践中，"施济"在内容上必须有自己的尺度。② 认识不到"博众"在数量上的界限，导致的是行不到处或根本无从下手；认识不到"施济"在内容上的尺度，导致的可能是与"施济"目标的背离。所以，以"博施济众"言仁，就是言之不慎，其言已"尽其所有余"，③不是"若有所忍而不易发"，④言上的轻率实为行预设了难题。这说明此时的子贡对"仁"缺乏一种内在的把握，朱熹与门人讨论时就说"彼子贡所问，是就事上说，却不就心上说"，"子贡所问，以事功而言，于本体初无干涉"。⑤

"善言德行"的子贡以"博施济众"言仁而"不亲切"、"浪广不切己"，其言不慎、不切，那么，要以什么言仁才"亲切"、"切己"，才算慎言、切言呢？朱熹认为固然要重视仁的功用，但从根本上来说，必须以理言仁。《集注》对"仁"与"圣"做出了区分："仁以理

---

① 王夫之也曾从量的角度根据子贡"所谓博者非博，众者非众"说明"博施济众"四字的"实不称名"（《读四书大全说》上册卷五《论语》，前揭，页301），同样揭示出子贡关于仁之言、行之间的紧张。
② 上面的引文中就有能体现朱子这一思想的相关线索：如吕焘所录"孔子设教，从游者甚众，孔子岂不欲人人至于圣贤之极！而人人亦各自皆有病痛"就清楚地反映出朱子所具有的这种观念。另外朱子门人吴必大录曰："夫子度量极大，与尧同。门弟子中如某人辈，皆不点检他，如尧容四凶在朝相似。"万人杰录云："尧容四凶在朝。夫子之门，亦何所不容！"（《朱子语类》第六册卷第九十三，前揭，页2351）在朱子看来，孔子因材施教，在施教内容上根据对象的特点灵活安排，在施教目标上根据对象的材质具体设定，正因为如此，才使圣门人才济济，且非千人一面。其实，精神领域是如此，精神以外的其它领域更是如此。
③ 朱子与门人讨论《论语·学而》"敏事慎言"问题时曰："言易得多，故不敢尽；行底易得不足，故须敏。"又曰："行常苦于不足，言常苦于有余。"（《朱子语类》第二册卷第二十二《学而篇下》，前揭，页526）这也可以看作是对"不敢尽其所有余"所作的说明。
④ 在与门人讨论中，朱子也对"切"作了更为具体的说明。黄义刚录曰："切，是说持守得那心后，说出来自是有斟酌，恰似肚里先商量了方说底模样。"（《朱子语类》第三册卷第四十二《颜渊篇上》，前揭，页1080）
⑤ 《朱子语类》第三册卷第三十三《雍也篇四》，前揭，页841。

言,通乎上下。圣以地言,则造其极之名也。"①门人黄义刚录有朱熹对这一区分的具体解释:

> 众朋友说"博施济众"章。先生曰:"'仁以理言',是个彻头彻尾物事,如一元之气。'圣以地言',也不是离了仁而为圣,圣只是行仁到那极处。仁便是这理,圣便是充这理到极处,不是仁上面更有个圣。而今有三等:有圣人,有贤人,有众人。仁是通上下而言,有圣人之仁,有贤人之仁,有众人之仁,所以言'通乎上下'。'仁'字直,'圣'字横。'博施济众',是做到极处,功用如此。"义刚。②

这一解释与伊川"若今人或一事是仁,亦可谓之仁,至于尽仁道,亦曰仁而已,此通上下言之也"③也是一致的④。"仁"是"通乎上下"之"理","有圣人之仁,有贤人之仁,有众人之仁",在这一前提下从功用上言仁,就不再是众人无从下手,圣人都有行不到处,而是众人、贤人和圣人都有行得到处。这样,"仁"就成为切己事,"大小都用得","一事之仁也是仁,全体之仁也是仁,仁及一家也

---

① 《四书章句集注》《论语集注》卷三,页92。伊川曾两辨仁圣之别(参见《二程集》上,前揭,页173、182;《朱子全书》第七册《论孟精义》卷第三下,前揭,页238—239),《或问》虽评其为"固不害于贯通也,但仁在事不可为圣一说,亦不可晓"(前揭,页232—233),但《四书章句集注》吸收了其"仁通上下,圣则其极"的思想。
② 《朱子语类》第三册卷第三十三《雍也篇四》,页844。此外,辂录曰:"盖仁以道理言,圣以地位言,自是不同。如'博施济众'为仁,而利物爱人小小者亦谓之仁。仁是直看,直上直下只一个道理。'圣'字便横看,有众人,有贤人,有圣人,便有节次,只岂但于仁。盖'博施济众',虽圣如尧舜,犹以为病耳。"(《朱子语类》第三册卷第三十三《雍也篇四》,前揭,页842)由此也可见,王夫之言"朱子《语录》以有位言圣,却于《集注》不用"(《读四书大全说》上册卷五,前揭,页300)实为误读。
③ 《二程集》上《河南程氏遗书》卷第十八,前揭,页182。
④ 在仁圣之别的问题上,除了"仁在事不可为圣"、"博施济众,何干仁事"、"圣人之至仁,独能体是心而已"三条,朱子与二程的意见基本一致(参见《四书或问》,前揭,页232—233)。

第二章 子贡之知与言

是仁,仁及一国也是仁,仁及天下也是仁。只是仁及一家者是仁之小者,仁及天下者是仁之大者"。① 这样,仁之言和仁之行之间就不会出现紧张。《集注》在解释《论语·学而》"信近于义,言可复也"时也认为"言约信而合其宜,则言必可践矣"。②

需要进一步指出的是,孔子在与子贡讨论"仁"时,认为"夫仁者,己欲立而立人,己欲达而达人",但在颜回问仁时却答曰:"克己复礼为仁。"两者之间似乎有较大差别。朱熹与门人对这个问题专门进行了讨论,并做出了解释:

> 或问:"'博施济众'一章,言子贡驰骛高远,不从低处做起,故孔子教之从恕上求仁之方。"曰:"理亦是如此,但语意有病。且试说子贡何故拣这个来问?"或云:"恐是子贡见孔子说仁多端,又不曾许一个人是仁,故拣个大底来说否?"曰:"然。然而夫子答子贡曰:'己欲立而立人,己欲达而达人。'至于答颜子,则曰:'克己复礼为仁。'分明一个仁,说两般。诸公试说,这两般说是如何?"或曰:"恐'克己复礼'占得地位广否?"曰:"固是包得尽,须知与那个分别,方得。"或曰:"一为心之德,一为爱之理。"曰:"是如此。但只是一个物事,有时说这一面,又有时说那一面。人但要认得是一个物事。枅录云:"孔子说仁,亦多有不同处。向颜子说,则以克己为仁。此处又以立人达人为仁。一自己上说,一自人上说。须于这里看得一般,方可。"如'己欲立而立人,己欲达而达人',便有那'克己复礼'底意思;'克己复礼',便包那'己欲立而立人,己

---

① 《朱子语类》第三册卷第三十三《雍也篇四》,前揭,页 847。
② 《论语集注》卷一,前揭,页 52。《或问》对此作了具体解释:"或问:所谓约信而合宜,则言必可践,何也? 曰:人之约信,固欲其言之必践也,然其始也,或不度其宜焉,则所言将有不可践者矣。以为义有不可,而遂不践,则失其信;以为信之所在,而必践焉,则害于义,二者无一可也。若约信之始而又求其近于义焉,则其言无不可践,而无二者之失矣。"(前揭,页 125)

欲达而达人'底意思。只要人自分别而已。然此亦是因子贡所问而说。"焘。①

就其区别而言,"己欲立而立人,己欲达而达人"体现的是"爱之理","克己复礼为仁"体现的是"心之德",但二者实为"一个物事"的两面,其实质是一样的,都是"兼内外而言"。② 在朱熹看来,兼顾体用,由内而外,这才是孔子的言说方式。③

四、"莫我知"之叹

如果说,上文的"兼内外而言"是孔子"慎言"(不敢尽其所有余)的经典范例,那么,《论语·宪问》"莫我知"之叹中"意在言表"的言说方式则与"切言"(其言若有所忍而不易发)密切相关。

《论语·宪问》记载了孔子对子贡的"莫我知"之叹:

> 子曰:"莫我知也夫!"
> 子贡曰:"何为其莫知子也?"
> 子曰:"不怨天,不尤人。下学而上达。知我者其天乎!"
> (《宪问》)

---

① 《朱子语类》第三册卷第三十三《雍也篇四》,前揭,页847。
② 同上,页846。
③ 朱熹认为,类似的言说方式还有不少,如《论语·宪问》记载:"子路问君子。子曰:'修己以敬。'曰:'如斯而已乎?'曰:'修己以安人。'曰:'如斯而已乎?'曰:'修己以安百姓。修己以安百姓,尧舜其犹病诸!'"《集注》解释曰:"修己以敬,夫子之言至矣尽矣。而子路少之,故再以其充积之盛,自然及物者告之,无他道也。……尧舜犹病,言不可以有加于此。以抑子路,使反求诸近也。"(《四书章句集注》,前揭,页159)

表面上看，这则对话与前文分析的《论语·阳货》"予欲无言"章在情景及其结构上非常相似，都是老师先提出问题启发子贡，子贡再发出疑问，老师传示微言大义，子贡都没能作进一步的回应，用朱熹的话来说，被老师寄予厚望的子贡所作的这两次对答多少都有些让人失望①。但仔细分辨以后，就可发现这两次对话之间有着根本的区别："予欲无言"的主题是"言"，"莫我知"所叹的则是"知"；"予欲无言"所启示的是天亦无言（"天何言哉"），"莫我知"所启示的则是人不知而天知（"知我其天"）；"予欲无言"问题的实质是通过"言"而教人知，"莫我知"之叹的目的则是通过"知"而教人言。它们之间的真正共同点则是二者都与行密切相关。

历代注家对"莫我知"之叹所关注的侧重点不同。西汉孔安国所关注的是"下学而上达"，他的解释是"下学人事，上知天命"，似乎有把人天二分的嫌疑。东汉马融所关注的是"不怨天，不尤人"，他的解释是"孔子不用于世而不怨天，人不知已亦不尤人"，虽然突出了孔子的反己自修与顽强性格，但也体现出解释者对"不用于世"与"人不知己"的在意②。魏何晏所关注的是"知我者其天乎"，他的解释是"圣人与天地合其德，故曰唯天知已"，并从对话中解读出孔子"莫我知"之叹的真实意图在于"自明其志"。据此，宋邢昺也认为孔子通过与子贡对话，实际所发出的是"无人

---

① 如前文所引，《论语集注》卷九关于子贡对孔子"天何言哉"无回应的评价是："此亦开示子贡之切，惜乎其终不喻也。"（《四书章句集注》，前揭，页180）《论语集注》卷七关于子贡对孔子"下学上达"无回应的评价是："盖在孔门，惟子贡之智几足以及此，故特语以发之。惜乎其犹有所未达也！"（《四书章句集注》，前揭，页157）
② 《说苑·志公》更是重点着墨于这一对话的背景："夫子行说七十诸侯无定处，意欲使天下之民各得其所，而道不行。退而修《春秋》，采毫毛之善，贬纤介之恶，人事浃，王道备，精和圣制，上通于天而麟至，此天之知夫子也。于是喟然而叹曰：'天以至明为不可蔽乎？日何为而食也？地以至安为不可危乎？地何为而动？'天地尚有动蔽，是故贤圣说于世而不得行其道，故灾异并作也。夫子曰：'不怨天，不尤人，下学而上达，知我者其天乎！'"

知我志","唯天知己志"的感叹。① 可见,汉代至宋初的学者从"莫我知"之叹中所读到的仅限于"知"的对象和"知"的背景。

程颐对"莫我知"之叹中的"知"有完全不同的理解。程颐认为,"莫我知"之叹实则孔子为启发子贡而发,并非如何晏所说,乃孔子要"自明其志":"莫我知也夫!夫子以此发子贡也。不怨天,不尤人,下学而上达,知我者其天乎?子贡宜可与言也,故以是发之。"那么,孔子希望子贡知的是什么道理呢?程颐曰:"学者须守下学上达之语,乃学之要。下学人事,便是上达天理。"显然,在程颐看来,"下学上达"就是孔子启发子贡所要达到的意图。程颐还用这"下学上达"的为学之道解释"不怨不尤":面对"古之教人,必先于洒扫应对进退,何也"的提问,程颐答曰:"下学而上达,虽夫妇之愚可以与知者,及其至也,虽圣人有所不知也。今夫居处恭,执事敬,虽众人能之,然彼圣贤之所以为圣贤者,亦岂外是哉!然卒异于众人者,以众人习不致察,不能上达耳。夫惟终身由之而不知其道,故曰:'人莫不饮食也,鲜能知味也。'"又曰:"王通曰:'知命者不怨天,自知者不尤人。'王通岂知所谓命者哉!至如释氏,有因缘报应之说,要皆不知命者也。"下学能否上达,取决于"居处恭,执事敬"的功夫,并终身由之而致察知道。如果不能上达,责任完全在己,与马融所说的"人不知己"和"不用于世"无关,也与王通所谓"知命"、"自知"无涉。虽然程颐对其"知"的对象和"知"的方式有全新的理解,毕竟所看到的也只是"知"。

程颢对这一"叹"也有自己的解释:"自下而上达者,唯造次必于是,颠沛必于是。""释氏唯务上达,无下学,然则其上达处,岂有是也。元不相连属,但有间断,则非道也。""圣贤千言万语,只是欲人将已放之心,约之使反复入身来。自能寻向上去,下学而上

---

① 以上诸释说均引自《论语注疏》,前揭,页199。

达也。""下学而上达,意在言表也。"①明道的这些解释从表面上看与伊川的理解完全一致。但只要仔细分辨,就会发现有一个很大的不同:明道的解释中没有"知"而只有"言"。尤其是"下学上达,意在言表"颇有些费解,但明道没作进一步的说明。

朱熹敏锐地捕捉到了明道的这一思想火花,《论语精义》把"下学而上达,意在言表"排在了"莫我知也夫"章的第一条②,《语类》还记录了三次朱熹与门人关于"意在言表"的讨论:

> 问:"明道言:'下学而上达,意在言表。'"曰:"'意在言表',如下学只是下学,如何便会上达?自是言语形容不得。下学、上达虽是两件理,会得透彻厮合,只一件。下学是事,上达是理。理在事中,事不在理外。一物之中,皆具一理。就那物中见得个理,便是上达,如'大而化之之谓圣,圣而不可知之之谓神'。然亦不离乎人伦日用之中,但恐人不能尽所谓学耳。果能学,安有不能上达者!"寓。
>
> "程子曰'下学上达,意在言表',何也?"曰:"因其言以知其意,便是'下学上达'。"淳。
>
> 问:"'意在言表'是如何?"曰:"此亦无可说。说那'下学上达',便是'意在言表'了。"广。③

在朱熹看来,"意在言表"的"言",指的是"下学上达"。这样,与伊川不同,在朱熹这里,孔子所谓"下学上达"四字并非不是"意",只是"言","言"外还另有"意"。"下学如何便会上达"虽"是言语形容不得",并不表明这"言"外之"意"就不可言说。

---

① 以上二程的解释均引自《朱子全书》第七册《论语精义》卷第七下,前揭,页504—505。
② 同上,前揭,页504。
③ 《朱子语类》第三册卷第四十四,前揭,页1141—1142。

《或问》认为"程子至矣,宜深味之"①。自然,"意在言表"之"意"也属"深味"之列。《集注》征引了明道这一解释②,并描述了"深味"后的感觉:

> 不得于天而不怨天,不合于人而不尤人,但知下学而自然上达。此但自言其反己自修,循序渐进耳,无以甚异于人而致其知也。然深味其语意,则见其中自有人不及知而天独知之之妙。盖在孔门,惟子贡之智几足以及此,故特语以发之。③

与伊川认为"莫我知"之叹是要子贡明白"下学上达"的道理不同,朱熹认为"莫我知"之叹想要子贡领会的是"人不及知而天独知之妙"。显然,朱熹试图从"知我者其天乎"中探寻明道"意在言表"之"意",即所谓"言"外之"意"。这个"妙",也就是这个"意"。那么,"妙"在何处呢?《集注》"忍而不发",但也没说"妙"不可言。从"盖在孔门,惟子贡之智几足以及此,故特语以发之"的推测来看,朱熹认为,孔子是希望子贡有所发的。这就可以推断,在朱熹看来,这一"妙"还是可言的。从朱熹与其门人的讨论来看,朱熹也非常肯定这一"妙"的可言。④

《或问》"莫我知也夫"章的第一问也是为这一"妙"感而设:

---

① 《四书或问》,前揭,页335。
② 见《四书章句集注》,前揭,页157。
③ 《四书章句集注》,前揭,页157。
④ 如据徐㝢记载:门人问:"《集注》言:'惜乎子贡犹有所未达也。'若子贡能达之,如何?"曰:"他若达之,必须有说,惜乎夫子如此说,便自住了。圣门自颜曾以下,惟子贡尽晓得圣人,多是将这般话与子贡说。他若未晓,圣人岂肯说与,但他只知得个头耳。若晓得,亦必有语。如'予欲无言','予一以贯之',也只如此住了。如曾子闻'一贯'语,便曰'唯'。是他晓得。"又如据沈僴记载:门人问:"'莫我知也夫'与'予欲无言'二段,子贡皆不能复问,想是不晓圣人之意。"曰:"非是不晓圣人语意,只是无默契合处。不曾有默地省悟,触动他那意思处。若有所默契,须发露出来,不但也已。"(《朱子语类》第三册卷第四十四,前揭,页1139、1141)

> 或问：不怨不尤，下学上达，何以人莫之知而天偏知之也？曰：其不怨不尤也，则不责之人而责之己。其下学人事也，则又不求之远而求之近。此固无与于人，而不骇于俗矣，人亦何自而知之耶？及其上达而与天为一焉，则又有非人之所及知者，而独于天理之相关耳，此所以人莫之知而天独知之也。①

这里我们只能看出，《或问》似乎认为这一妙处与"下学上达"后的"与天为一"密切相关，并没有关于"妙"的具体描述。

朱熹与门人黄义刚讨论时，认为"知我者其天乎"是思量不得、言说不得的：

> 先生顾义刚云："公前日看'知我者，其天乎'，说得也未分晓。这个只管去思量不得，须时复把起来看。若不晓，又且放下。只管恁地，久后自解晓得。这须是自晓，也十分著说不得。"义刚。②

显然，这是朱熹告诫义刚，如要天知，不要只在思量和言说上努力，而更要在下学人事上用功。

朱熹在另一次给学生解释"莫我知"之叹时，特别强调"夫子忽然说这一句做甚？必有个着落处"③，他认为这一"着落处"便是"知我者其天乎"。门人林夔孙录曰：

> 在这里但说是"不怨天"，于天无所怨；"不尤人"，于人无所忤。"下学而上达"，自在这里做，自理会得。……"知我者

---

① 《四书或问》，前揭，页335。
② 《朱子语类》第三册卷第四十四，前揭，页1141。
③ 同上，前揭，页1137。

其天乎"!便是人不及知,但有天知而已,以其与天相合也。①

这里朱熹对"知我者其天乎"作出了"人不及知,但有天知而已,以其与天相合也"的解释,"与天相合"与《或问》的"与天为一"相比,也并没给"妙"增加多少内涵。

至此,已不难发现,如果试图从朱熹这里找到"人不及知而天独知"之"妙",只能是徒劳。其实,通过对"人不及知而天独知"之"知"的讨论,可以发现,真正的妙处不是"人不及知而天独知"之"知",而是言"知"的方式。在这里,最妙的就是明道提出的"意在言表"的言说方式。

关于"意在言表",还有必要进一步作两点分辨:第一,其"意"可言,但只能"切言"(其言若有所忍而不易发)。第二,其"言"属"雅言",而非"切言"。

朱熹对《论语·述而》"子所雅言"章予以特别关注,这个"特别"主要表现在他毫无理由地以"常"释"雅"②。"诗、书、执礼,皆雅言也"③。朱熹注曰:"诗以理情性,书以道政事,礼以谨节文,皆切于日用之实,故常言之。"④自然,下学人事、笃志力行当属此"雅言"之列。

---

① 《朱子语类》第三册卷第四十四,前揭,页1137—1138。与林夔孙同堂听课的黄义刚录为:"'不怨天',是于天无所逆;'不尤人',是于人无所违怍。'下学',是只恁地去做;'上达',是做后自理会得。这个不响不唤,如水之无石,木之无风,只帖帖地在这里,宜其人不能知。若似其他人撑眉弩眼,恁地叫唤去做,时人却便知。但圣人却不恁地,只是就平易去做。只这平易,便是人不能及处。……人既不能知,则只有天知。所以只有天知者,是道理与天相似也。"(《朱子语类》第三册卷第四十四,前揭,页1138)

② 《四书章句集注》,页97。"雅"一般都被释为"正"。程树德也提出质疑:"雅者,俗之反,无训常者。经有《尔雅》,《诗》有《小雅》、《大雅》,皆训正言……程子亦依古注。朱子解《论语》多从师说,独此条与之相背,何也?"(《论语集释》第二册卷十四,前揭,页477)

③ 《论语·述而》。

④ 《四书章句集注》,前揭,页97。

"意在言表"的言说方式,其妙就表现在"切言"与"雅言"的并存。一方面既满足了对"罕言"之对象的言说,另一方面也适应了对下学人事的教导。①

"莫我知"之叹中,"莫我知也夫"、"知我者其天乎"(合而为"人不及知而天独知")本身即"切言",朱熹认为孔子在这里期待的是子贡同样能以"切言"的方式作出回应,"然惜乎其犹有所未达"②,于是,抬出曾子做示范:"如曾子闻'一贯'语,便曰'唯'③。是他晓得。"④可见,曾子之"唯",也是"切言"的典型案例。⑤

当然,朱熹抬出曾子,同时也是针对子贡重言轻行⑥、曾子笃志力行的特点。这样,"意在言表"就成为擅言之子贡的专用教材。

朱熹对子贡"知"与"言"四个案例的解读,有两点给人印象深刻:一是以知、言见长的子贡在知、言方面总是不及默识的颜子和鲁钝的曾子;二是在解读的过程中动用了一些非常手段,如根据自己的生活经验对"贫而无谄"章的"切磋琢磨"作出全新的解释,

---

① 朱子与门人徐㝢曾于1190年同时讨论过"罕言"与"雅言"的问题:"天地造化阴阳五行之运,若只管说,要如何? 圣人于易,方略说到这处。'子罕言利,与命,与仁'。只看这处,便见得圣人罕曾说及此。"又举"子所雅言,诗、书、执礼,皆雅言也。""这处却是圣人常说底。后来孟子方说那话较多"《朱子语类》第二册卷第二十八《公冶长上》,前揭,页725)。
② 《四书章句集注》《论语集注》卷七《子路第十三》,前揭,页157。
③ 《论语·里仁》。
④ 《朱子语类》第三册卷第四十四,前揭,页1139。《集注》引尹氏"孔子之于曾子,不待其问而直告之以此,曾子复深谕之曰'唯'。若子贡则先发其疑而后告之,而子贡终亦不能如曾子之唯也。二子所学之浅深,于此可见",并作按语:"夫子之于子贡,屡有以发之,而他人不与焉。则颜、曾以下诸子所学之浅深,又可见矣"(《论语集注》卷八《卫灵公第十五》,前揭,页161-162)。
⑤ 《四书或问》对曾子之"唯"有详细的解读。参见《四书或问》,前揭,页184-185。
⑥ 《四书章句集注》引范祖禹"子贡之患,非言之艰而行之艰,故告之以此"释《论语·为政》"子贡问君子章"之"先行其言而后从之"(页57)。朱子与门人讨论时也指出:"此为子贡而发","只为子贡多言,故告之如此"(《朱子语类》第二册卷第二十四,前揭,页580)。

毫无理由地把"子所雅言"章的"雅"解释为"常"。通过对"告往知来"与"天何言哉"的解读,凸现出子贡在"知"上存在的两方面问题:一是"专求之于言语之间,而不察诸践履事为之实";二是不明白"不待言而理自著"的道理,不擅于从天理的流行中去求知。通过对"博施济众"与"莫我知"之叹的解读,则反映出子贡在"言"上存在的两方面问题:一是言之不慎;二是重言轻行。对于传道者来说,知、言方面的材质是必须具有的基本条件,从前辈学人的言语中获"知",可以使道得以传承;从客观事实中获"知",可以使道得到弘扬;以慎言、切言、雅言等合适的方式向后辈学人言道,可以使道得以传承。但与知、言的作用相比,对传道者来说,行更为重要,因为只有行,才能使"知"、"言"中包含的道得以落实,道之不行,"知"、"言"之道就会逐渐失去其光辉。曾子鲁钝,拙于知、言,却成为成功的传道者。子贡擅于知、言,但由于诸多问题,使得本来具有的知、言优势俱皆丧失,虽"终闻性与天道",最终也明白了"言不可不慎"[①]的道理,但在传道方面却一无所成。所以,在朱熹看来,子贡的问题虽然表现在知言上,其实质则是行的问题。朱熹在"切磋琢磨"上琢磨,以"圣门为学功夫"释"来",在"雅言"上不讲道理,以"常"释"雅",两者相得益彰,实因子贡在行方面存在的问题而为。其实,知、言、行的作用机理不会仅仅局限于传道,不管是前人经验的传承,还是同代人思想的交流,或者不同宗教、文化的沟通,同样都有其作用发挥的空间。甚至可以设想,如果更加重视知、言、行的思考与实践,包括父子、夫妇、兄弟和朋友在内的一切个体之间的相处,是否会变得更为和谐呢?

可见,如果仅有乐道的传承理念,在传道实践中没有合适的知、言方式以及行作为保障,道的传承就可能变身为"巧言"。

[①] 《论语·子张》。

第三章 子路之志与政

就道的传承来说,如果子贡是在行这一方面存在问题,导致本来具有的知、言优势俱皆丧失,而成为一个失败的传道者的话,那么在朱熹看来,子路则是在非所长的知、言领域出现太多的过失,使得自己在政事方面的特长没能充分发挥,从而导致求仁者杀身都未能成仁的结局。

子路之志与政出自《论语》孔子及其门人讨论志的两则故事。一则是《先进》篇"侍坐"章:

子路、曾皙、冉有、公西华侍坐。

子曰:"以吾一日长乎尔,毋吾以也。居则曰:'不吾知也!'如或知尔,则何以哉?"

子路率尔而对曰:"千乘之国,摄乎大国之间,加之以师旅,因之以饥馑,由也为之,比及三年,可使有勇,且知方也。"

夫子哂之。

"求,尔何如?"

对曰:"方六七十,如五六十,求也为之,比及三年,可使足民;如其礼乐,以俟君子。"

"赤,尔何如?"

对曰:"非曰能之,愿学焉!宗庙之事,如会同,端章甫,愿为小相焉。"

"点,尔何如?"

鼓瑟希,铿尔,舍瑟而作。对曰:"异乎三子者之撰。"

子曰:"何伤乎?亦各言其志也。"

曰:"莫春者,春服既成;冠者五六人,童子六七人,浴乎沂,风乎舞雩,咏而归。"

夫子喟然叹曰:"吾与点也!"

三子者出,曾晳后。曾晳曰:"夫三子者之言何如?"

子曰:"亦各言其志也已矣!"

曰:"夫子何哂由也?"

曰:"为国以礼,其言不让,是故哂之。"

"唯求则非邦也与?"

"安见方六七十如五六十,而非邦也者?"

"唯赤则非邦也与?"

"宗庙会同,非诸侯而何?赤也为之小,孰能为之大!"

(《先进》)

《论语》中篇幅最大的这则故事,其情节并不复杂:老师提出"如或知尔,则何以哉"这一讨论的中心问题,学生们分别谈各自的志向,老师对这些发言作出评价。参加讨论的四名弟子中,子路、冉有、公西华皆擅长于政事,三人所言之志都在老师命题的范围之内,属于"达为国治民之事者"。被孔子认为"千乘大国,可使治其赋"的子路尤其胸有成竹,详细阐述了施政的条件、任期和目标。惟有曾点,其所答超然洒脱,极富诗意,却似乎与政事、与志向都不相关。更有意思的是,曾经①周游列国到处求仕的孔子对由、点之志竟然一"哂"一"叹",并做出截然不同的评价:"为国以礼,其言不让";"吾与点也!"

另一则是《公冶长》篇"颜渊季路侍"章:

> 颜渊、季路侍。
> 子曰:"盍各言尔志?"
> 子路曰:"愿车马衣轻裘,与朋友共,敝之而无憾。"
> 颜渊曰:"愿无伐善,无施劳。"
> 子路曰:"愿闻子之志。"
> 子曰:"老者安之,朋友信之,少者怀之。"(《公冶长》)

与上则故事一样,其主题都是言志,子路都是第一个言志者,所言之志都没有被贴上高下优劣的标识。也有不同之处:一为子路从与物质财富关系的角度言志,上则故事是从政事角度言志;二为出席的人员不同,参与本次讨论的除了孔子和子路,只有以德行著称的颜回,此外孔子不是以点评者、而是以言志者的身份直接参与讨论。

历代注家都比较重视对这两则故事本身尤其是第一则故事中夫子那一"哂"一"叹"的解释②,但很少将这两个故事关联起来进行考察,更没去关注子路两次所言之志之间的联系③。程颢则

---

① 钱穆认为"此章问答应在孔子五十出仕前"(钱穆,《孔子传》,北京:生活·读书·新知三联书店,2002年,页20)。今据李启谦,"侍坐"的故事发生在孔子周游列国回到鲁国以后(参见《孔门弟子研究》,前揭,页170)。
② 参见何晏《论语集解》卷第三、第六,皇侃《论语义疏》卷三、卷六,邢昺《论语注疏》卷第五、卷第十一,程树德《论语集释》卷第十、卷第二十三。
③ 《韩诗外传》卷七、卷九有孔子与子贡、子路、颜渊游于戎山、景山之上两次论志,《说苑·指武》有孔子与子路、子贡、颜渊北游而东上农山论志,《孔子家语》卷二《致思第八》有孔子北游于农山而子路、子贡、颜渊侍侧论志,这些故事情(转下页)

将两个故事联系起来解释孔子的喟然一叹①:"子路、冉有、公西华皆欲得国而治之,故孔子不取。曾晳狂者也,未必能为圣人之事,而能知孔子之志,故曰:'浴乎沂,风乎舞雩,詠而归,'言乐而得其所也。孔子之志在于'老者安之,朋友信之,少者怀之',使万物莫不遂其性,曾点知之,故孔子喟然叹曰'吾与点也'。"②程颢认为孔子所赞许的是曾点之志所具有的尧舜气象,所叹息的是子路不懂得"为国以礼"的道理:"孔子'与点',盖与圣人之志同,便是尧、舜气象也。诚异'三子者之撰',特行有不揜焉者,真所谓狂矣。子路等所见者小。子路只为不达'为国以礼'道理,所以为夫子笑;若知'为国以礼'之道,便却是这气象也。"③这样,程颢通过对曾点之志的肯定,孔子对子路之"哂"就不是被理解为抑之而是进之,④子路如达"为国以礼道理",同样也是尧舜气象。程颐最先注意到了子路两次所言之志的联系,将子路之志评价为"勇于义者"和"亚于浴沂":"子路曰:'愿车马衣轻裘,与朋友共,蔽之而无憾。'此勇于义者,观其志,岂可以势利拘之哉?盖亚于浴沂者也。"⑤由此不难看出,二程对子路之志的评价虽有不同,然思路相同,都试图从两则故事的联系来比较子路和曾点之志,但又都语焉未详。"亚于浴沂"如何理解,达"为国以礼道理"如何便是尧舜气象,仅凭"愿车马衣轻裘,与朋友共,蔽之而无憾"是否就能构成为"勇于

(接上页注③)节大致相同,是对《论语》"侍坐章"、"颜渊季路侍章"的整合。
① 本文所理解的"喟然一叹"包括叹息和赞许两个方面,后文有详细论述。
② 《二程集》上《河南程氏外书》卷第三,前揭,页369,据朱熹《论孟精义》(《朱子全书》第七册《论语精义》卷第六上,前揭,页406—407),该段引文为明道之言。
③ 《二程集》上《河南程氏遗书》卷第十二,前揭,页136。
④ 程端蒙所录朱熹对"孔子与点"的一个解释中也肯定了这种"进之"的评价:"子路、冉有等言志,观其所对,只住在所做工夫上,故圣人与点,又以进诸子。如告子路'何足以臧',亦此意。"(《朱子语类》第三册卷第四十《先进篇下》,前揭,页1028)
⑤ 《朱子全书》第七册《论语精义》卷第三上,前揭,页193—194。该引文来自《论孟精义》所辑录程颐的第九条语录。

义者",子路气象与曾点气象应在何种意义上予以区别,这种气象与达为国治民的政事有何关系,这些都是朱熹及其门人所关注的问题。朱熹通过对子路个案的解剖,给当时的学者和门人在处理学与政、志与政的关系上提供了某种选择的建议。

一、亚于浴沂

子路的两次言志,都有不同的人物出场。讨论子路之志,对子路与那些同时出场人物所言之志进行比较,就是一件值得去做的事情。最先全面开展这项工作的是程颐,他的讨论被《论孟精义》所辑录,共计有九条语录。① 其中,第二条语录强调学者应注意理会圣贤气象;第一条语录把孔子、颜子、子路三者的圣贤气象区分为"安仁"、"不违仁"和"求仁";第四、五、七、八条语录将孔子、颜子之志区分为天理与性分之别,第七、八条还将孔子之志解读为"天地气象";第九条则将三者之志区分为"圣贤之事"、"大贤之事"和"有志之事",并认为子路是"勇于义者"、"亚于浴沂者"。可见,所谓"亚于浴沂",就是伊川对子路和曾点之志所作的一种比较。

《或问》以伊川的讨论为主旨,认为"程子之言无余蕴矣,学者宜熟读而深味之,不可但玩其文而已也",其围绕着伊川的九条语录设问并解释。其中,伊川第三条语录曰:"然以孔子之言观之,则颜子之言出于有心也。"朱熹疑其记录有误,遂改"有心"为"有意";又,伊川第四条语录言孔颜天理性分之别,而没言及子路,朱熹疑其有阙,将子路之"车马衣裘,与朋友共"补为"志气之发"。②

---

① 参见《朱子全书》第七册《论语精义》卷第三上,前揭,页192—194。
② 《四书或问》《论语或问》卷五,前揭,页210。

这一改一补，使孔子、颜子、子路所言之志的区别层次更为分明，有性理方面的，有践履方面的，也有境界方面的。详情如下表：

表3—1：《或问》孔子、颜子、子路所言之志的区别

层次 言志者	地位或事业	性理	践履	境界
孔子	圣人之事	天理	安仁	天地
颜子	大贤之事	性分	不违仁	**有意**(有心)
子路	有志之事	志气	求仁	亚于浴沂

注：粗体为朱熹所改，斜体为朱熹所补。

子路作为"求仁者"，所言虽为有志之事，但不是天理之事，也不是性分上事，而只是志气之所发，其中还掺杂着诸多血气的成分，不如狂者曾点"浴沂"之清明高远，所以"亚于浴沂"。

接下来，《或问》所关注的就是子路之"亚于浴沂"，也即子路和曾点之志的比较：

> 曰：其以子路为亚于浴沂者，何也？曰：取其胸怀洒落，无所系累于物而言耳。……世之学者，不察于此，轻以好勇议之，以为是贲、育之伦耳，其亦误矣。①

伊川对子路之志作出了"亚于浴沂"的评价，但亚于何处，未有说明。一般说来，如果就这一问题继续发问，似乎应该完成对亚于何处的解释。但出乎意料的是，朱熹的解答并不是按否定的方式以"差"释"亚"，而是以肯定的方式用"洒落"来解释伊川之说，从而出现了一个新的子路形象：与战国时期孟贲、夏育相类似的传统勇士形象不同，这是一个心不为物累而胸怀洒落的子路。

---

① 《四书或问》《论语或问》卷五，前揭，页210。

第三章 子路之志与政

在朱熹与其门人关于子路之志的讨论中,"亚于浴沂"仍然是一个中心话题。其门人对子路何以亚于曾点很感兴趣:

> 问:"车马轻裘与朋友共,此是子路有志求仁,能与物共底意思,但其心不为车马衣裘所累耳,而程子谓其'亚于浴沂'。据先生解,曾点事煞高,子路只此一事,如何便亚得他?"广。①

面对此问题,朱熹继续沿用《或问》以肯定说明否定的解释方式,说明子路除了"车马衣裘与朋友共"外,同时还具有其他特点,完全拥有可以与曾点进行比较的资本。

首先,朱熹将《或问》子路"胸怀洒落,无所系累于物"这一解释进一步具体化。对于宋儒来说,心不为物累,是为道的基本前提,范仲淹早就提出"不以物喜,不以己悲",②伊川更是强调"志于道而心役乎外,何足与议也"。③ 无疑,在宋儒的心目中,子路是心不为外物所役的典范。在与门人的讨论中,朱熹虽然不再言子路"胸怀洒落",④但言其"舍己忘私"、"不私己",⑤这可以被看作是前者的具体表现。朱熹认为,子路"衣敝缊袍,与衣狐貉者立而不耻",⑥"车马轻裘都不做事看","不为外物所动","较之世上一等切切于近利者大不同","能轻己之所有以与人共,势利之人岂肯

---

① 《朱子语类》第二册卷第二十九《公冶长下》,前揭,页 756。
② 范仲淹:《岳阳楼记》。
③ 《二程集》下《河南程氏经说》卷第六《里仁》,前揭,页 1138。收于《论孟精义》,为《论语集注》所引,《或问》评其为"程子至矣"。
④ 朱子在与门人的讨论中,所言之"洒落"总是与曾点之见道相联系。参见《朱子语类》第三册,前揭,页 1034、1035、1036、1038、1049。
⑤ 《朱子语类》第二册卷第二十九《公冶长下》,前揭,页 755、749、753。
⑥ 《论语·子罕》。

如此",所以"子路气象,非富贵所能动矣"。① 朱熹还针对当时学者"计较财物"之弊,褒扬子路"轻财重义",②甚至要求门人"如子路恁地割舍得",并引《论语·宪问》"士而怀居,不足以为士",说到动情处,甚是慷慨激昂,③认为这才是子路成为圣门高弟之所在!《集注》还引谢良佐曰:"子路之志如此,其过人远矣。然以众人而能此,则可以为善矣;子路之贤,宜不止此。"④

其次,以"却是实地"释"亚于浴沂":

> 伊川谓"子路之志亚于曾点"。盖子路所言,却是实地。道夫。⑤

伊川解读"侍坐"章时肯定子路之志"自是实事",朱熹对此也很认同。他在与门人讨论明道关于"喟然一叹"的解释时认为:程门弟子中,对明道这一解释的理解,只有谢良佐比较透彻,他能从明道对曾点气象的肯定中看到"季路、冉求言志之事,非大才做不得",清楚"勿忘"的同时又"勿助长"⑥的道理,这正是伊川所强调的,也是曾点的问题之所在:"使曾点做三子事,未必做得。"⑦曾点言志,

---

① 《朱子语类》第二册卷第二十九《公冶长下》,前揭,页756、756、750、755、755。
② 同上,前揭,页753。
③ 据门人黄义刚所录:"子路是有些战国侠士气象,学者亦须如子路恁地割舍得。'士而怀居,不足以为士矣'。若今人恁地畏首畏尾,瞻前顾后,粘手惹脚,如何做得事成!恁地莫道做好人不成,便做恶人也不成!"先生至此,声极洪(《朱子语类》第二册卷第二十九《公冶长下》,前揭,页750)。另据门人徐寓所录,朱熹据子路"能轻己之所有以与人共,势利之人岂肯如此",认为"子路志愿,正学者事"(《朱子语类》第二册卷第二十九《公冶长下》,前揭,页755)。
④ 《四书章句集注》《论语集注》卷五,前揭,页115。
⑤ 《朱子语类》第三册卷第四十《先进篇下》,前揭,页1040。
⑥ 《孟子·公孙丑上》。所谓"勿忘",朱熹解为不要忘掉自己应做之事,所谓"勿助长"就是不要拔苗助长(参见《四书章句集注》《孟子集注》卷三,前揭,页232)。
⑦ 《朱子语类》第三册卷第四十《先进篇下》,前揭,页1040。

"亦不是要去做事底,只是心里要恁地快活过日而已"。① 需注意的是,朱熹在谈论曾点之失时,所比较的对象并非子路而是曾参,②因为如前文所引,在朱熹看来,子路之志虽为实事,然其工夫有些粗,曾参的工夫却是"笃实细密"。③

第三,以"资质高"释"亚于浴沂":

> 问:"浴沂地位恁高。程子称'子路言志,亚于浴沂',何也?"曰:"子路学虽粗,然他资质也高。如'人告以有过则喜','有闻未之能行,惟恐有闻',见善必迁,闻义必徙,皆是资质高;车马轻裘都不做事看,所以亚于浴沂。故程子曰:'子路只为不达为国以礼道理;若达,便是这气象也。'"淳。④

《论语·公冶长》曰:"子路有闻,未之能行,唯恐有闻。"朱熹认为子路"不急于闻,而急于行","就此言之,见得子路勇于为善处"。⑤《孟子·公孙丑上》曰:"子路,人告之以有过则喜。"朱熹赞子路"喜其得闻而改之,其勇于自修如此"。⑥ 所以,在朱熹看来,子路是"见善必迁,闻义必徙"之人,这些都是子路资质高的表现。《论语·颜渊》曰"子路无宿诺",朱熹认为子路平日这种"急于践言"的素养使他能取信于人,以至于"千乘之国,不信其盟,而信子路

---

① 《朱子语类》第三册卷第四十《先进篇下》,前揭,页 1036。
② 参见《朱子语类》第三册卷第四十《先进篇下》,前揭,页 1031、1032、1033、1034、1035、1036、1037、1038、1048。
③ 同上,前揭,页 1033。
④ 《朱子语类》第二册卷第二十九《公冶长下》,前揭,页 756。朱熹在与门人讨论时,曾多次对子路的资质、品格予以肯定(参见《朱子语类》,前揭,页 753、754、756、1029、1037、1039、1048)。
⑤ 《朱子语类》第二册卷第二十九《公冶长下》,前揭,页 728。
⑥ 《四书章句集注》《孟子集注》卷三《公孙丑章句上》,前揭,页 239。

之一言"。① 在朱熹看来,信、行、勇、为善、自修等都是《大学》中"诚意"、"正心"、"修身"这些条目的基本要素,具备这些要素的子路,其资质品格自然高。当然,必须明确的是,朱熹所认为的子路资质品格的"高",是相对于"才气小"的冉求与公孙赤而言。②

根据《大学》"欲诚其意者,先致其知"、"知致而后意诚","致知"是"诚意"、"正心"、"修身"等条目的前提和基础,所以,明道敏锐地捕捉到"侍坐"章子路所言之志的问题,就出在"致知"这一条目上,具体表现为"所见者小",不达"为国以礼"之道。朱熹与其门人也就这一问题进行过专门的探讨:

> 问:"使子路知礼,如何便得似曾晳气象?"曰:"此亦似乎隔蓦,然亦只争个知不知、见不见耳。若达得,则便是这气象也。曾点只缘他见得个大底意思了。据他所说之分,只得如此说。能如此,则达而在上,便可做得尧舜事业,随所在而得其乐矣。"广。③

从表面上看,"子路知礼"与"曾晳气象"之间似无通道,但朱熹把明道之言中的"见"、"知"突显出来,认为由、点之志的区别就在于知与不知、见与不见,所以,当门人提出"浴沂是自得于中"时,朱

---

① 参见《四书章句集注》《论语集注》卷六,前揭,页137。事见《左传·哀公十四年》:"小邾射以句绎来奔,曰:'使季路要我,吾无盟矣。'使子路,子路辞。季康子使冉有谓之曰:'千乘之国,不信其盟,而信子之言,子何辱焉?'对曰:'鲁有事于小邾,不敢问故,死其城下可也。彼不臣而济其言,是义之也。由弗能。'"
② 朱熹在回答门人"三子皆事为之末,何故子路达得便是这气象"的问题时指出:"子路才气去得,他虽粗暴些,才理会这道理,便就这个'比及三年,可使有勇且知方'上面,却是这个气象。求、赤二子虽似谨细,却只是安排来底,又更是他才气小了。子路是甚么样才气。"(《朱子语类》第三册卷第四十一《颜渊篇上》,前揭,页1048)此外,朱熹与其门人陈文蔚、陈仲亨也有关于比较三子资质才识的讨论(参见《朱子语类》第三册卷第四十《先进篇下》,前揭,页1039)。
③ 《朱子语类》第三册卷第四十《先进篇下》,前揭,页1038。

熹给与了肯定的回答。① 他认为曾点是在"自己心性上见得那本源头道理",甚至认为程子门人对明道之言的记录有误,强调"程子所说意思固好,但所录不尽其意",在"孔子'与点',盖与圣人之志同,便是尧、舜气象也"之前,"必先说曾点已见此道理了,然后能如此,则体用具备"。②

其实,子路以使民有勇且向义为志,说明他在具体的治国之事上是有所见的,朱熹也认为子路"见处极高",③凭什么说他"亚于浴沂"呢?朱熹认为,主要原因在于他的所见"局于一国一君之小,向上更进不得",④不像曾点见得那本源头道理。⑤ 这意味着他也许在某一事上有所见,但在另一事上却不一定能见到,"其言不让"就是一个典型案例:"子路之言不让,则便是不知不觉违了这个道理处"。⑥ 甚至怀疑:"只更有节奏难说。圣人只为他'其言不让',故发此语。如今看来,终不成才会得让底道理,便与曾点气象相似! 似未会如此。"⑦这就是说,由于子路不明白那本源头

---

① 据黄义刚所录,朱子与其门人在讨论什么是"浴沂"时,门人问:"'亚于浴沂者也',浴沂是自得于中,而外物不能以累之。子路虽未至自得,然亦不为外物所动矣。"(朱熹)曰:"是。"(《朱子语类》第二册卷第二十九《公冶长下》,页756)这里,所谓"自得"是自见得,曾点所见得的当然是那作为"大根大本"的"本源头道理"(《朱子语类》第三册卷第四十《先进篇下》,页1035、1040),这一点已为朱熹反复说明。这里需要辨别的是,曾晳的"外物不能以累之"与子路的"不为外物所动"是有区别的,前者是以知言,后者是以义言。

② 《朱子语类》第三册卷第四十《先进篇下》,前揭,页1040。

③ 同上,页1039。

④ 同上,页1035。

⑤ 朱子还用水之源流来比喻点由所见之别。据李壮祖所录,朱子在回答门人提问时指出:曾点"所志者大,而不可量也。譬之于水,曾点之所用力者,水之源也;三子之所用力者,水之流也。用力于派分之处,则其功止于一派;用力于源,则放之四海亦犹是也"(《朱子语类》第三册卷第四十《先进篇下》,前揭,页1035—1036。另参见第1030页的"操舟"之喻和第1035页的"操柄"之喻)。

⑥ 《朱子语类》第三册卷第四十《先进篇下》,前揭,页1041。

⑦ 《朱子语类》第三册卷第四十《先进篇下》,前揭,页1039—1040。这里,"节奏"指礼节制度,包括有关礼仪的各种外在规定。闻过即改的子路受到孔子批评(转下页)

道理,即使其言能让,也懂得那些具体的礼仪制度,但在其他的事情上未必就能让,未必就能具有曾点气象。

此外,《集注》所引伊川之言值得注意。朱熹把伊川的九条语录改写成三条:

> 程子曰:"夫子安仁,颜渊不违仁,子路求仁。"又曰:"子路、颜渊、孔子之志,皆与物共者也,但有小大之差尔。"又曰"子路勇于义者,观其志,岂可以势利拘之哉?亚于浴沂者也。颜子不自私己,故无伐善;知同于人,故无施劳。其志可谓大矣,然未免出于有意也。至于夫子,则如天地之化工,付与万物而己不劳焉,此圣人之所为也。今夫羁靮以御马而不以制牛,人皆知羁靮之作在乎人,而不知羁靮之生由于马,圣人之化,亦犹是也。先观二子之言,后观圣人之言,分明天地气象。凡看论语,非但欲理会文字,须要识得圣贤气象。"①

这一改写突出了子路、颜回、孔子三者所言之志的小大之别。这里的子路之小,是指子路虽然能车马衣裘与朋友共,但只是在具体的物上用功,仍然受制于物,似乎没有这个物,他就无处用功,所以,子路只是求仁者,他需要借助于一个一个具体的物去求那"爱之理"。② 颜回"无伐善无施劳"则是性分上事,是"心之德",已不需要借助于具体的物,而直接在心上用功,是不违仁者,但毕竟还有一个"善"、一个"劳"在,所以,仍然是有意。只有孔子,老安

(接上页注⑦)后开始谨守礼仪,以致结缨而死,没有吃透其中的根本道理,朱子故有此说。

① 《四书章句集注》《论语集注》卷三,前揭,页82-83。
② 朱子注"仁"为"爱之理,心之德也"(《四书章句集注》《论语集注》卷一,前揭,页48)。

少怀而朋友信,①是天理流行,自然而不露痕迹。可见,所谓小大之别,实际上是周遍②程度的不同,这与明道言"子路所见者小"实质上是一致的。在朱熹看来,小大之别同时也是内外之分。③所以,《集注》在子路"亚于浴沂"之后,继续征引伊川"羁靮之生由于马,圣人之化,亦犹是",以此强调向内用功的重要。

综上所述,朱熹对"亚于浴沂"的解释实际上是从知和行两个方面展开的。当他以肯定的方式解释"亚于浴沂"之"亚"为不达那周遍的本源头道理时,是就知而言;当他以否定的方式解释"亚于浴沂"为"舍己忘私"、"却是实地"、"见善必迁,闻义必徙"的高资质时,是就行而言。在朱熹看来,知行应该是一种"知行相须,知先行重"的关系,④二者之间有时可以统一,有"知与行皆到"者,如颜回。有时又不一致,有"见得了不肯行者",如曾点,这种人容易"入于释老","不可学"⑤;有"未见得后强力以进者",如曾子,"若传道,则还曾子也,学者须是如曾子做工夫"⑥。子路强于行然功夫有些粗,曾点见识高却易流于释老,陷入狂,因此,所谓"亚于浴沂",实则为半斤配八两!

---

① 在与门人的讨论中,朱熹认为老、少、朋友三者已涵盖了天下之人(参见《朱子语类》第二册卷第二十九《公冶长下》,前揭,页748)。

② 在与门人的讨论中,朱子就指出子路"车马衣裘与朋友共"的功夫"便有不周遍隔碍处"(《朱子语类》第二册卷第二十九《公冶长下》,前揭,页749)。

③ 关于子路与颜回,孔子所言之志除了小大、内外的区别,朱子在与门人的讨论中还有多种说法,如粗与细、有意与无痕、济人利物与平物我以及万物得其所之心(参见《朱子语类》第二册卷第二十九《公冶长下》,前揭,页749—755)。

④ 据李闳祖所录,朱熹在知行关系上有一段被广为引用的表述:"知、行常相须,如目无足不行,足无目不见。论先后,知为先;论轻重,行为重。"(《朱子语类》第一册卷第九《学三·论知行》,页148。此外,同页也有程端蒙所录朱熹关于"知先行重"的表述)

⑤ 《朱子语类》第三册卷第四十《先进篇下》,前揭,页1038、1038、1039、1035。

⑥ 同上,前揭,页1038、1035。

二、其言不让

"侍坐"章的言志故事中,子路言志之后,孔子哂之,"其言不让"是孔子对自己这一"哂"的解释,以此说明子路礼的缺失。上文已经提到,"其言不让"是导致子路"亚于浴沂"的主要原因。但是,"其言"的"不让"有多种可能,可以表现在言的次序上,也可以表现在言的状态上,还可以表现在言的内容上。那么,子路的"不让"是表现在其中的某一方面,抑或是几者兼而有之?应该说,朱熹对这一问题非常重视,首先,《或问》以一种特别的方式对这一问题作了解答。

《或问》"侍坐"章与其它章次不同,它不是通过直接点评诸家之说识取正意,而是精心设计出七个问题,①通过对这七个问题的解答正面阐述经文的含义。为此,甚至连比较可靠的程子之言②似乎也被搁置一旁。所设计的第一、二个问题分别是"何以知四子以齿为序也"与"何以言浴之为盥濯祓除也",③朱熹通过对这两个问题的设计和考证,实际上是为了表明,礼是人们日常生活所遵守的基本秩序,是人们日常的一种生活方式。同时也说明,子路作为四子中年龄最长者,最先发言是合礼的,④这就意味着子路的失礼不在于此,从而排除了"不让"表现在言说次序上的可能。

第三个问题及其解释:

---

① 此处只讨论其中的五个问题。
② 朱熹认为:"读《论语》,须将《精义》看……一章之中,程子之说多是,门人之说多非。"(《朱子语类》第二册卷第十九《语孟纲领》,前揭,页441)
③ 《四书或问》《论语或问》卷十一,前揭,页291。
④ 何晏注为"先三人对也"(《论语义疏》卷六,新安鲍氏知不足斋本),程树德认为"子路年长,固当先对,何至见哂?何注失之"(《论语集释》第三册,前揭,页799)。

> 曰：何以言曾点之见道无疑，心不累事，而气象从容，志尚高远也？曰：方三子之竞言所志也，点独鼓瑟于其间，漠然若无所闻，及夫子问之，然后瑟音少间，乃徐舍瑟而起对焉，而悠然逊避，若终不肯见所为者，及夫子慰而安之，然后不得已而发其言焉。而其志之所存，又未尝少出其位，盖淡然若将终身焉者，此其气象之雍容闲暇，志尚之清明高远为何如？而非其见道之分明，心不累事，则亦何以至于此耶？①

毫无疑问，朱熹对"侍坐"章中的曾点非常重视。但他首先关注的是曾点正式作答前的一个小场景："（子曰：）'点，尔何如？'鼓瑟希，铿尔，舍瑟而作。对曰：'异乎三子者之撰。'子曰：'何伤乎？亦各言其志也。'"根据这一情节，他所解读出的是一个"悠然逊避，若终不肯见所为"、"不得已而发其言"的曾点，使其形象与一般人心目中的狂者大相径庭。其次，他根据曾点所言之志，作出"气象之雍容闲暇，志尚之清明高远"的评价，进而得出曾点"见道分明，心不累事"的结论。在朱熹看来，曾点之所以能做到"悠然逊避"、"雍容闲暇"，是因为有一个"清明高远"的"道"在起作用。但朱熹对曾点所言之志的关注并不满足于这一"清明高远"的"道"，紧接着他又提出第四个问题并作出解释：

> 曰：何以言其直与天地万物各得其所也？曰：夫暮春之日，生物畅茂之时也；春服既成，人体和适之候也；冠者五六人，童子六七人，长少有序而和也；沂水、舞雩，鲁国之胜处也；既浴而风，又咏而归，乐而得其所也。夫以所居之位而言，其乐虽若止于一身，然以其心而论之，则固蔼然天地生物之心，圣人对时育物之事也，夫又安有物我内外之间哉！程子以为与圣人之志同，便是尧、舜

---

① 《四书或问》《论语或问》卷十一，前揭，页291—292。

气象者,正谓此耳。①

朱熹根据曾点所言之志所描述的这一图景,实际上是《礼记·乐记》"天高地下,万物散殊,而礼制行矣;流而不息,合同而化,而乐兴焉"的具体体现。据沈僴所录,朱熹与其门人讨论《礼记》这一段文字时,曾"叹此数句意思极好",好在哪里呢?好就好在它反映出礼制秩序"是自然合当如此"。② 这表明朱熹从曾点所言之志中所看到的是一幅循礼乐而行的和谐社会图景,这一图景与孔子所描述的"老者安之,朋友信之,少者怀之"的景象几乎是异曲同工。③ 不难看出,朱熹在这里实际上运用了一种类似冯友兰所说的"负的方法",④以此来说明子路的"不让",虽然所讨论的是曾点在行为上的"悠然逊避"、"雍容闲暇",以及其在知上所见的"自然道理",实际上要映现的则是子路在行为上的"不让"和在知上对"为国以礼"之道的"不达"。⑤

第六个问题及其解释为:

---

① 《四书或问》《论语或问》卷十一,前揭,页292。
② 《朱子语类》第六册卷第八十七《小戴礼》,页2254。此外,朱熹与门人讨论中批评了公西华和冉求,认为他们虽然谦逊,并非真正懂得《礼记·乐记》中这数句所反映的"自然道理"(参见《朱子语类》,第三册卷第四十《先进篇下》,前揭,页1037)。
③ 程子亦曰:"孔子言语句句是自然。"(《四书章句集注》《读论语孟子法》引,前揭,页44)
④ 冯友兰,《新知言》,北京:生活·读书·新知三联书店,2007,页74。
⑤ 关于四子之志的比较,清人张履祥《备忘录》在四者之间理出了一个关系:"四子侍坐,固各言其志,然于治道亦有次第。祸乱勘定,而后可施政教。初时师旅饥馑,子路之使有勇知方,所以勘定祸乱也。乱之既定,则宜阜俗,冉有之足民,所以阜俗也。俗之既阜,则宜继以教化,子华之宗庙会同,所以化民成俗也。化行俗美,民生和乐,熙熙然游于唐虞三代之世矣,曾晳之春风沂水,有其象矣。夫子志乎三代之矣,能不喟然兴叹?!"(《论语集释》第三册卷二十三《先进下》引,前揭,页816)李泽厚认为张履祥理出的这一关系非常牵强但很有意思(李泽厚,《论语今读》,北京:生活·读书·新知三联书店,2007,页273)。

> 曰：何以言夫子之许三子也？曰：此无贬辞，固已可见，而答孟武伯之言，尤足以见其平日之与之也。①

《论语·公冶长》载，孟武伯曾经同时问由、求、赤三子是否仁，孔子虽没许其以仁，但都肯定了他们的治国之才，子路"千乘之国，可使治其赋也"，冉有"千室之邑，百乘之家，可使为之宰也"，公西华"束带立于朝，可使与宾客言也"。既然平常孔子都认可子路具备治理千乘之国之军赋的才能，在朱熹看来，子路所"不让"的就不是其言志之内容。这一点朱熹与其门人的讨论中也阐述得很明确：

> 冉求、公西赤言皆退让，却是见子路被哂后，计较如此说。子路是真。
> 二子亦因夫子之哂子路，故其言愈加谦让，皆非其自然，盖有所警也。②

求、赤二子以为孔子所哂的是子路所言之内容，于是他们的言志一个比一个谦让，这反而招致了朱熹的批评，在朱熹看来，这种谦让是"计较"，"非其自然"，不懂得《礼记·乐记》循礼乐的"自然道理"，只有子路之言才是真。"子路是真"的判断就彻底排除了子路言志之内容成为"其言不让"的可能。所以《集注》解孔子"为国以礼，其言不让，是故哂之"为"夫子盖许其能，特哂其不逊"。③

于是，子路之言"不让"就只剩下一种可能，即表现在其言的状态——"率尔而对"上。

---

① 《四书或问》《论语或问》卷十一，前揭，页292。
② 《朱子语类》第三册卷第四十《先进篇下》，前揭，页1026、1041。
③ 《四书章句集注》《论语集注》卷六，前揭，页131。

实际上,《礼记·曲礼》对侍君子有具体的规定:"侍于君子,不顾望而对,非礼也。"郑玄注曰:"礼尚谦也。不顾望,若子路帅尔而对。"孔颖达疏曰:"谓多人侍而君子有问,若指问一人,则一人直对。若问多人,则侍者当先顾望坐中,或有胜已者宜前,而已不得率尔先对,先对非礼也。"①皇侃《论语义疏》曰:"礼侍坐于君子,君子问更端则起而对,及宜顾望而对,而子路不起,又不顾望。故云卒(cù)尔对也。卒尔谓无礼仪也。"②皇疏在郑注和孔疏的基础上,把"率尔而对"与"其言不让"相对应,③朱熹《集注》采纳了这一理解方式,但不是以"卒尔"释"率尔",而是以"轻遽之貌"④释"率尔"。翟灏《四书考异》曰:"'率'字诸子书训义颇多,独未有以轻遽为训。"⑤朱熹自己也从来没对这一训义作过说明。但从朱熹"以齿为序"的观点来看,子路的轻率急遽不会是因为他的先对,而是因为他的不起、不顾望,且没有辞让,言词急促、轻率。曾点在孔子点名让其作答时都没有"直对",而是谦让了一番,这就与子路之"率尔"形成了鲜明的对比。所以,在朱熹看来,"率尔而对"不仅与"其言不让"相对应,也与"为国以礼"相对应,并与曾点"悠然逊避"、"雍容闲暇"、"见道分明"的气象形成对比。如此,"轻遽"这一训义使子路之失礼,已经不仅仅是停留在具体的"无

---

① 《礼记正义》上卷第四,前揭,页108。
② 《论语义疏》卷六,新安鲍氏知不足斋本。标点、注音为引者所加。
③ 程树德按曰:"率尔,当如《曲礼》注疏所引,方与下文'其言不让'针对。"(《论语集释》第三册,前揭,页799)
④ 《四书章句集注》《论语集注》卷六,前揭,页130。
⑤ 《论语集释》第三册引,前揭,页799。其实,"率尔"既可理解为"卒(cù)尔",据《玉篇》、《广韵》,卒有急、遽之意;同时也可以理解为"轻率貌",包含着不谨慎、未深思熟虑之意。韩愈《答刘秀才论史书》:"仆虽騃,亦粗知自爱,实不敢率尔为也。"范仲淹《答手诏条陈十事》:"盖由朝廷采百官起请,率尔颁行,既昧经常,实时更改。此烦而无信之验矣。"其中之"率尔"都为轻率之意。朱熹解"率尔"为"轻遽",盖为轻率与急遽两义之综合。

礼仪"上,而是上升到了气象的层面,①更体现了他在知上对"为国以礼"之道的"不达"。关于气象问题,后文将有较为详细的讨论。

为什么朱熹讨论子路的治国之志,一定要在"礼"上做文章呢?原因之一在于,"为国以礼"向来是儒家治国的基本原则。孔子对这一治国原则就非常重视,《论语·里仁》曰:"能以礼让为国乎?何有?不能以礼让为国,如礼何?"《礼记·大学》也有"一家让,一国兴让"。朱熹对其中的"让"特别关注,认为:"让者,礼之实也。何有,言不难也。言有礼之实以为国,则何难之有,不然,则其礼文虽具,亦且无如之何矣,而况于为国乎?"②可见,朱熹对礼的重视,不是拘泥于繁文末节的礼仪制度——礼之节文,而是其实际表现。如果"辞让之端发于本心之诚然",③"让"就成为"礼之实"。然而,"礼"的实质则是"义"。

三、勇于义者

其实,就品格来说,在《论语》中,子路最显著的特点是"勇","侍坐"章所言之志也是使千乘之国有勇而向义。④ 对于子路之"勇",汉代学者给予过高度的关注与肯定。⑤ 到了宋代,对子路勇

---

① 朱熹在解释《论语·学而》"礼之用,和为贵"时也指出:"盖礼之为体虽严,而皆出于自然之理,故其为用,必从容而不迫,乃为可贵。先王之道,此其所以为美,而小事大事无不由之也。"(《四书章句集注》《论语集注》卷一,前揭,页51)
② 《四书章句集注》《论语集注》卷二,前揭,页72。
③ 《朱子语类》第二册卷第二十六《里仁篇上》,前揭,页666。
④ 陈立胜老师《〈论语〉中的勇:历史建构与现代启示》将《论语》中"子路之勇"区分为"义勇","智勇","仁勇"[《中山大学学报》社会科学版,2008(4),页112—114]。
⑤ 陈少明老师认为,汉代学者所理解的子路,经历了一个脱胎换骨的过程,从"野人"成长为既"知礼",又"重义"的君子,同时又是爱憎分明、狭义干云式的人物[参见陈少明老师《孔门三杰的思想史形象》的第三部分《子路之勇》,刘小枫、陈少明主编,《经典与解释》(8),北京:华夏出版社,2005年,页237—239]。

的评价,往往与义相联系,如伊川根据子路"车马衣轻裘与朋友共",判定子路为"勇于义者"。① 尽管《或问》认为"程子之言无余蕴矣",《集注》也征引了伊川"勇于义者"的评价,但朱熹并没对这一评价做出积极响应,相反,他在与门人讨论《论语·阳货》"君子尚勇乎"章时数说了子路之勇的不是:

> 子路之勇,夫子屡箴诲之,是其勇多有未是处。若知勇于义,知大勇,则不如此矣。又其勇有见得到处,便行将去。如事孔悝一事,却是见不到,盖不以出公之立为非,观其谓正名为迂,斯可见矣。人杰。僩录:"若是勇于义,已不仕季氏。"②

孟子针对齐宣王之"好勇",把勇区分为"小勇"和"大勇",③朱熹则进一步将其界定为"小勇,血气所为;大勇,义理所发"。④ 他非常欣赏张栻对"文王之大勇"的理解:"大勇者,理义之怒也。血气之怒不可有,理义之怒不可无。"⑤也认可其门人关于"勇于义,是义

---

① 《朱子全书》第七册《论语精义》卷第三上,页193。此外,伊川根据《论语·公冶长》"子曰:'道不行,乘桴浮于海,从我者其由与'",推断"子路勇于义,故谓其能从己"(《二程集》下《河南程氏经说卷第六》,前揭,页1139)。
② 《朱子语类》第四册卷第四十七《阳货篇》,页1191。此外,光宗绍熙元年庚戌(1190),门人吴必大向朱熹书面请教:"子路问事君,范氏谓犯非子路所难,而以不欺为难。夫子路最勇于义者,而何难于不欺哉?特其烛理不尽,而好强其所不知以为知,是以陷于欺耳。"朱熹答:"以使门人为臣一事观之,子路之好勇必胜恐未免于欺也。"(《朱子全书》第二十二册《文集》卷五十二《答吴伯丰》三,前揭,页2427—2428)吴必大在此对子路"最勇于义"的评价也没得到朱熹的肯定。
③ 《孟子·梁惠王下》。参见陈立胜老师《〈论语〉中的勇:历史建构与现代启示》对孟子"小勇"、"大勇"分类的专门讨论[《中山大学学报》社会科学版,2008(4),页114—116]。
④ 《四书章句集注》《孟子集注》卷二《梁惠王章句下》,前揭,页215。
⑤ 参见《朱子语类》第一册卷第十三《力行》;《四书章句集注》《孟子集注》卷二《梁惠王章句下》,页216、239。

第三章 子路之志与政

理之勇"的说法。① 而子路之勇,虽然经过孔子的多次修理,②仍然"多有未是处":他"见不到"而不能"知勇于义,知大勇",因为他事季氏,季氏欲取颛臾而"不能辅之以义";③事孔悝,"盖自以为善而为之,而不知其非义也"。④ 显然,朱熹完全否定了伊川关于子路"勇于义者"的评价。在朱熹看来,子路只"是个好勇底人"⑤,之所以不能从"好勇者"变身为"大勇者",就在于他对"勇"本身之血气清理得不够干净,对"勇"本身之粗砺打磨得不够细致,加工的工夫比较粗,所以朱熹曰:

> 子路见处极高,只是有些粗。缘他勇,便粗。若不是勇,又不会变得如此快,这勇却不曾去得。如人得这个药去病,

---

① 据金去伪所录,这是朱熹与其门人在讨论《子罕篇》"智者不惑"章时门人所提:"或曰:'勇于义,是义理之勇。如孟施舍、北宫黝,皆血气之勇。'曰:'三者也须穷理克复,方得。只如此说,不济事。'"可以看出,朱熹所否定的不是"勇于义,是义理之勇"的说法,而是"只如此说"(《朱子语类》第三册卷第三十七《子罕篇下》,前揭,页986)。
② 除了"君子尚勇乎"章"君子有勇而无义为乱"的劝诫,孔子对子路之勇还多次进行修理,如《论语·公冶长》"道不行"章的"由也好勇过我,无所取材",《论语·述而》"子谓颜渊曰"章的"暴虎冯河,死而无悔者,吾不与也,必也临事而惧,好谋而成者也",《论语·阳货》"子曰由也"章的"好'勇'不好学,其蔽也'乱'"。
③ 《四书章句集注》《论语集注》卷八,前揭,页170。
④ 《朱子语类》第三册卷第三十九《先进篇上》,前揭,页1015。朱熹与其门人在讨论《子路篇》"子路曰卫君待子"章时,对子路事悝之"非义"有一个具体的解释:问:"子路之死于卫,其义如何?"曰:"子路只见得下一截道理,不见上一截道理。孔悝之事,它知道是'食焉不避其难',却不知食出公之食为不义。东坡尝论及此。"问:"如此,是它当初仕卫便不是?"曰:"然。"(《朱子语类》第三册卷第四十三《子路篇》,前揭,页1100)在讨论《先进篇》"闵子侍侧"章的"子路不得其死"问题时,对子路事悝之"非义"也有较为详细的解释(《朱子语类》第三册卷第三十九《先进篇上》,前揭,页1014-1015)。《四书章句集注》解《论语·雍也》"季氏使闵子骞为费宰"章时还引谢良佐曰:"如由也不得其死,求也为季氏附益,夫岂其本心哉?盖既无先见之知,又无克乱之才故也。"(《四书章句集注》《论语集注》卷三,前揭,页86)
⑤ 《朱子语类》第六册卷第九十三《孔孟周程张子》,前揭,页2354。

却不曾去得药毒。若去得尽,即达"为国以礼"道理。①

子路之"粗"有诸多表现,如《论语·子罕》"子疾病"章的"诈",《先进篇》"柴也愚"章的"喭","由之瑟"章的"瑟","侍坐"章的"率尔",《子路篇》"卫君待子"章的"野",《卫灵公篇》"在陈绝粮"章的"愠"等。由此,朱熹认为子路之志虽为实,然工夫却粗;正是因为这种粗,其资质虽高,却"其言不让"而"亚于浴沂",导致对为国以礼道理的不达,甚至使自身的勇"多有未是处"。

其实,孔子对子路功夫粗的问题了然于胸,《论语·宪问》载:"子路问君子。子曰:'修己以敬。'""敬"也是《周易·坤·文言传》"君子敬以直内,义以方外"中的重要工夫。显然,孔子的回答是针对子路功夫粗的问题而给其指点迷津,告诫其通过敬的存养功夫而加强内在修养,以打磨"勇之粗",消除"药之毒"。朱熹对孔子的这一指点非常重视,进一步突出了"修己以敬"对子路提高修养的实际意义。② 如《或问》强调"修己以敬"是"齐家、治国、平天下之本",可使人达到"心平气和,静虚动直,而所施为无不自然"的气象,《集注》甚至征引伊川,认为"修己以敬"可以导致"天地自位,万物自育,气无不和,而四灵③毕至"。

---

① 《朱子语类》第三册卷第四十《先进篇下》,前揭,页1039。
② 《或问》突出了"修己以敬"的地位和作用:"所谓修己以敬者,语虽至约,而所以齐家、治国、平天下之本,举积诸此。""修己以敬而极其至,则心平气和,静虚动直,而所施为无不自然,各得其理,是以其治之所及者,群黎百姓,莫不各得其安也,是皆本于修己以敬之一言。"(前揭,页338)《朱子语类》则强调敬的内外统一:"敬者,非但是外面恭敬而已,须是要里面无一毫不直处,方是所谓'敬以直内'者是也"(《朱子语类》第三册卷第四十四《宪问篇》,前揭,页1144—1145)。《集注》认为"修己以敬,夫子之言至矣尽矣",并引伊川:"惟上下一于恭敬,则天地自位,万物自育,气无不和,而四灵毕至矣。此体信达顺之道,聪明睿知皆由是出,以此事天飨帝。"(《四书章句集注》《论语集注》卷七,前揭,页159)
③ 《礼记·礼运》:"何谓四灵? 麟、凤、龟、龙谓之四灵。"孔颖达疏:"以此四兽皆有神灵,异于他物,故谓之灵。"[李学勤,十三经注疏(标点本)《礼记正义》中卷第二十二,北京:北京大学出版社,1999,页702]

与"好勇"却未能"知勇于义,知大勇"的子路相反,在《论语》中以柔善形象出现的颜回和曾参在朱熹看来却是"大勇"的代表:

> 如今人多将颜子做个柔善底人看。殊不知颜子乃是大勇,反是他刚果得来细密,不发露。如个有大气力底人,都不使出,只是无人抵得他。孟子则攘臂扼腕,尽发于外。论其气象,则孟子粗似颜子,颜子较小如孔子。孔子则浑然无迹,颜子微有迹,孟子,其迹尽见。然学者则须自粗以入细,须见刚硬有所卓立,然后渐渐加工,如颜子、圣人也。僴。①

《孟子·公孙丑上》曰:"昔者曾子谓子襄曰:'子好勇乎?吾尝闻大勇于夫子矣:自反而不缩,虽褐宽博,吾不惴焉;自反而缩,虽千万人,吾往矣。'"朱熹认为只有具备曾子这种"反身循理"②的"大勇"品格,才能担当传道之重任:

> 只观孔子晚年方得个曾子,曾子得子思,子思得孟子,此诸圣贤都是如此刚果决烈,方能传得这个道理。若慈善柔弱底,终不济事。如曾子之为人,《语》《孟》中诸语可见。子思亦是如此。如云:"摽使者出诸大门之外。"又云:"以德,则子事我者也,奚可以与我友!"孟子亦是如此,所以皆做得成。学圣人之道者,须是有胆志。其决烈勇猛,于世间祸福利害得丧不足以动其心,方能立得脚住。若不如此,都靠不得。况当世衰道微之时,尤用硬着脊梁,无所屈挠方得。然其工

---

① 《朱子语类》第四册卷第五十二《公孙丑上之上》,前揭,页1244。朱熹淳熙十五年戊申(1188)《答周舜弼》也提到"颜子之勇"(《朱子全书》第二十二册《文集》卷五十,前揭,页2334)。另据沈僴、辅广所录,朱熹多次表述过"仁为刚"、"义为柔"的思想(参见《朱子语类》第一册卷第六《仁义礼智等名义》,前揭,页106、121)。
② 《四书章句集注》《孟子集注》卷三,前揭,页230。

夫只在自反常直,仰不愧天,俯不怍人,则自然如此,不在他求也。僩。①

其实,在《论语》中,"勇"虽然与"仁"、"知"并列为君子三道之一,②但它又是一种独立于"仁"、"义"的品格,《宪问》篇有"仁者必有勇,勇者不必有仁",《阳货篇》有"君子义以为上,君子有勇而无义则乱,小人有勇而无义为盗",这说明《论语》中"勇"的品格带有不为"仁"、"义"所容的气质性因素,到《中庸》,"勇"的气质性因素被清除,"勇"与"知"、"仁"并举而为"三达德",朱熹将其解释为"入道之门"。③ 朱熹对"勇"的理解更趋向于《孟子》关于"小勇"、"大勇"的区分,虽然他充分肯定"勇"对于知与行、为学与传道具有不可或缺的作用,但并不满意于《中庸》对"勇"的这种理解:

> 问"知仁勇"之分。曰:"大概知底属知,行底属仁,勇是勇于知,勇于行。"焘。
>
> 为学自是要勇,方行得彻,不屈懾。若才行不彻,便是半途而废。所以《中庸》说"知仁勇三者"。勇本是没紧要物事,然仁知了,不是勇,便行不到头。僩。④

一句"勇本是没紧要物事"就表明朱熹不可能在"仁"、"义"、"礼"、"智"等性理之外再为"勇"增加一个席位。这似乎也表明朱熹又把对"勇"的理解视域重新拉回到《论语》。如上所述,《论语》中,"勇"与"仁"、"义"等品格并非对等。其中,"仁"是安静乐寿而无

---

① 《朱子语类》第四册卷第五十二《公孙丑上之上》,前揭,页1243—1244。
② 《论语·宪问》:子曰:"君子道者三,我无能焉:仁者不忧,知者不惑,勇者不惧。"
③ 《四书章句集注》《中庸章句》,前揭,页22。
④ 《朱子语类》第四册卷第六十四《中庸三》,前揭,页1560、1561。

第三章 子路之志与政

忧,"勇"是刚强果敢而不惧;①前者圆满而自足,②后者刚果却脆弱;仁可凭据自身"义"的特质而拥有"勇者"之强,勇则必须借助"义"的打磨以消除自身之粗。所以,朱熹将其解释为"仁者,心无私累,见义必为,勇者,或血气之强而已",并引尹焞曰:"义以为尚,则其勇也大矣,子路好勇,故夫子以此救其失也。"③显然,朱熹的这种理解与《论语》更为合拍,但与《论语》又有不同,这种不同或贡献主要表现在,在理论的层面上,他通过"义"打开了由"勇"通向"仁"的途径,以实现"勇"与"仁"的链接。但在事实层面上,朱熹却发现这一"义"途并不平坦,《论语·先进》"闵子侍侧"章关于"由也不得其死"的预言,被朱熹作为"好勇者"的子路在求仁的道路上以失败而告终的标志,在朱熹看来,其失败的根本原因就在于"不明于大义":

> 吴伯英讲"由也不得其死"处,问曰:"由之死,疑其甚不明于大义。岂有子拒父如是之逆,而可以仕之乎?"曰:"然。仲由之死,也有些没紧要。然误处不在致死之时,乃在于委质之始。但不知夫子既教之以正名,而不深切言其不可仕于卫,何欤?若冉有子贡则能问夫子为卫君与否,盖不若子路之粗率。"壮祖。④

---

① 《论语》的"仁(者)"和"勇(者)"在不同的情景中往往呈现出不同的特点,如《里仁篇》的"仁者安仁",《雍也篇》的"知者乐水,仁者乐山,知者动,仁者静,知者乐,仁者寿",《子罕篇》和《宪问篇》的"知者不惑;仁者不忧;勇者不惧"。
② 古今对《论语·宪问》"有德必有言"章的众多解释中,李泽厚所记"有得于内,无待乎外,而必有外"更具有启发性(《论语今读》,前揭,页 326)。
③ 《四书章句集注》《论语集注》,前揭,页 149、182。
④ 《朱子语类》第三册卷第三十九《先进篇上》,前揭,页 1014。《集注》解释《论语·子路》"卫君待子而为政"章引胡寅,也说明了子路对"非义"的"不知":"卫世子蒯聩耻其母南子之淫乱,欲杀之不果而出奔。灵公欲立公子郢,郢辞。公卒,夫人立之,又辞。乃立蒯聩之子辄,以拒蒯聩。夫蒯聩欲杀母,得罪于父,而辄据国以拒父,皆无父之人也,其不可有国也明矣。夫子为政,而以正名为先。必将(转下页)

朱熹认为,子路的"误处不在致死之时,乃在于委质之始",辄拒其父蒯聩而为卫君属大逆不道,①子路却不知择而仕之为非义,所以,对于子路的"不得其死",不能从不得善终的通常意义、而应从不合于义的意义去理解。②《论语·卫灵公》曰:"志士仁人,无求生以害仁,有杀身以成仁。"殷纣王无道,比干谏而死,孔子称之为仁人,朱熹也认为其"出于至诚恻怛之意,故不咈乎爱之理,而有以全其心之德"。③ 子路作为求仁者,虽"无求生以害仁"之事,然仕卫不去而遭遇"杀身",结果却"不得其死"。求仁者被"杀身"却没能"成仁"!如果按照孟子"可以死,可以无死,死伤勇"④的说法,作为"好勇者"的子路,甚至连自己"勇"的品格都受到了损害。⑤

可以看出,朱熹对伊川关于子路"勇于义者"这一评价的否定很是彻底。伊川评价的根据是子路"车马衣轻裘与朋友共,敝之而无憾",如前文所述,朱熹却认为,与颜回相比,子路只是在物上

(接上页注④)具其事之本末,告诸天王,请于方伯,命公子郢而立之。则人伦正,天理得,名正言顺而事成矣。夫子告之详如此,而子路终不喻也。故事辄不去,卒死其难。徒知食焉不避其难之为义,而不知食辄之食为非义也。"(《四书章句集注》《论语集注》卷七,前揭,页142)

① 朱熹的这一结论过于武断。其实,据《左传》哀公十五年和《礼记·檀弓》记述,孔子对子路之死并无明显的价值判断,也许孔子对帮不帮卫君,很可能自己也正在困惑,没有形成明确的立场(参见陈少明,〈君子与政治〉,《中山大学学报》社会科学版,2005年第4期)。

② 程子门人杨时指出:"夫君子所谓得其死者,非必考终命而后为得也,死于义而已。若比干谏而死,孔子谓之仁人是也。""然由之不得其死,亦志于仁而已,无恶也,虽不足以成仁,与夫求生以害仁者有间矣。故孔子于其死也,若丧己然,其哀伤之也至矣。"(《朱子全书》第七册《论语精义》卷第六上,前揭,页390)对于杨时的这一解释,朱熹的评价是"不得其死,亦谢、杨二家之说为胜,而杨氏所论为尤精"(《四书或问》《论语或问》卷十一,前揭,页286)。

③ 《四书章句集注》《论语集注》卷九,前揭,页183。

④ 《孟子·离娄下》。

⑤ 《四书章句集注》《孟子集注》卷八《离娄章句下》引林之奇"子路之死于卫,是伤勇也"(前揭,页296)。

用功,所见者小,不是仁义礼智等性分上事,这就意味着子路"车马衣轻裘与朋友共,敝之而无憾"也许与"勇"相关,但与"义"绝不相干。不能"反身循理","不明于大义",使由"勇"通向"仁"的桥梁断裂而导致杀身都未成仁,这又表明,"勇于义者"的评价实际上与事实相悖。前者从周遍的意义来说,后者则从认知的意义而言。"义"是周遍的,子路的功夫却不周遍,在认知上对这周遍的"义"也不能明。既如此,又何来子路之"勇于义"呢?无疑,这种否定是釜底抽薪式的。

四、喟然之叹

对于子路之志,《集注》所关注的重点,除了前文已经讨论的孔子之"哂",还有孔子的一"叹"。"哂"所针对的是子路言志的状态("率尔而对"),"叹"所涉及的则是子路言志的内容。这一内容被朱熹用来与曾点言志的内容相比较,解释孔子的喟然之叹:

> 曾点之学,盖有以见夫人欲尽处,天理流行,随处充满,无少欠阙。故其动静之际,从容如此。而其言志,则又不过即其所居之位,乐其日用之常,初无舍己为人之意。而其胸次悠然,直与天地万物上下同流,各得其所之妙,隐然自见于言外。视三子之规规于事为之末者,其气象不侔矣,故夫子叹息而深许之。[1]

在这一经典解释中,"规规于事为之末"与"见夫人欲尽处,天理流行,随处充满,无少欠阙"、"乐其日用之常"、"直与天地万物上下

---

[1]《四书章句集注》《论语集注》卷六《先进第十一》,前揭,页130。

同流,各得其所之妙"是两种完全不同的气象,前者拘泥于具体的政事,后者则超然于事外,随时随处都能见到天理。正因为如此,在朱熹看来,夫子才会"叹息而深许之","叹息"的是三子尤其是子路(以下主要讨论子路)对"事为之末"的"规规","深许"的则是曾点"从容"与"悠然"的气象。在这样一种解释模式中,对点之所"许"往往直接决定对由之所"叹"。朱熹以前历代注家对"喟然一叹"的注疏所采取的基本上也都是这样一种结构。①

《皇疏》曰:"孔子闻点之愿,是以喟然而叹也。既叹而云吾与点也,言我志与点同也。所以与同者,当时道消世乱,驰竞者众,故诸弟子皆以仕进为心,唯点独识时变,故与之也。"这是许点之"识时变",叹三子之"以仕进为心"。

《皇疏》引李充云:"善其能乐道知时,逍遥游咏之至也。夫人各有能,性各有尚,鲜能舍其所长而为其所短。彼三子者之云,诚可各言其志矣。然此诸贤既已渐染风流,γ食服道化,亲仰圣师诲之无倦。先生之门岂执政之所先乎?呜呼!遽不能一忘鄙愿而暂同于雅好哉?谅知情从中来。不可假已,唯曾生超然,独对扬德音,起予风仪,其辞清而远,其指高而适,亹亹乎固盛德之所同也。三子之谈,于兹陋矣。"②这是许点之"超然",而叹三子之"鄙愿"。

《邢疏》曰:"善其独知时,而不求为政也。"这是许点之"独知时",叹三子之"求为政"。

以上三种解释可分为两类,一类是识时变而避世之"许"和不识时变之"叹",如《皇疏》和《邢疏》;另一类是高远之"许"和鄙陋之"叹",如李充。也许,在《论语》的语境中,"喟然之叹"所表达的

---

① 黄震《黄氏日钞》对这一解释结构有过关注:"所与虽点,而所以叹者岂惟与点哉。"(引自《论语集释》第三册卷二十三《先进下》,前揭,页812)但考其文意,黄震似是将"叹"理解为赞叹,而在朱熹则为嗟叹。

② 以上《皇疏》、李充的材料均引自《论语集释》第三册,前揭,页811。

确实是一种知时隐身的感慨,①但对于"以天下为己任",欲与皇帝"同治天下"的宋代儒家士大夫而言,②隐身避世之"许"不会是他们的选择;③"超然"之"许"有其合理之处,但其道家取向也决定他们不会全盘照搬。据二程门人所载,明道经常说"圣人志于天下国家","学者须是胸怀摆脱得开始得",明道"胸中直是好,与曾点的事一般",④由此就不难理解明道的解释:许点之"尧舜气象",叹由之"所见者小"。只有伊川的解释颠倒了这一"许点叹由"的特殊结构,他认为,明道虽然批评了点之"狂",期待由之"曾点气象",但明显地忽视了孔子所道三子之美,所以伊川提出了一个另类的许由叹点,即许由之实事,叹点之好高。朱熹的解释则是对明道和伊川的综合,一方面,其"许点叹由"之内容与明道取向相同,另一方面又特别指出"《集注》内载前辈之说于句下者,是解此句文义;载前辈之说于章后者,是说一章之大旨及反覆此章之余意",并强调伊川论"'三子言志自是实事'一段甚好",而明道"论'夫子与点'一段,意却少异,所以《集注》两载之",⑤伊川所论甚至被排在明道所论之前,显然,这又是以伊川弥补明道之不足。

---

① 参见冯达文《"曾点气象"异说》第三部分对《邢疏》和《黄氏日钞》的比较分析(《中国哲学史》,2005年第4期)。
② 《二程集》下《河南程氏经说》卷第二《尧典》,前揭,页1035。
③ 如明道解《论语·述而》"用之则行,舍之则藏"为"君子所性,虽大行不加焉,虽穷居不损焉,不为尧存,不为桀亡者也,行藏何累于己"(《朱子全书》第七册《论语精义》卷第四上,前揭,页254)。伊川解《论语·公冶长》"道不行,乘桴浮于海"为"浮海居夷,讥天下之无贤君也";伊川解《论语·述而》"甚矣吾衰也,久矣吾不复梦见周公"为"存道者,心无老少之异;行道者,身老则衰矣"(《二程集》下《河南程氏经说》卷第六,前揭,页1139、1144)。朱熹解《论语·宪问》"道之将行也与?命也,道之将废也与?命也,公伯寮其如命何"为"圣人于利害之际,则不待决于命而后泰然也"(《四书章句集注》《论语集注》卷七,前揭,页158)。
④ 另有两诗为证:"云淡风轻近午天,傍花随柳过前川。时人不识予心乐,将谓偷闲学少年。""闲来无事不从容,睡觉东窗日已红,万物静观皆自得,四时佳兴与人同。道通天地有形外,思入风云变态中。富贵不淫贫贱乐,男儿到此是豪雄"(《朱子全书》第十二册《伊洛渊源录》卷三《明道先生》《遗事》,前揭,页956—957)。
⑤ 《朱子语类》第三册卷第四十《先进篇下》,前揭,页1031、1033。

必须说明的是，作为最后定论的这一经典解释，在反复修改的过程中，有过不同的版本。① 根据朱熹晚年书信，可以判定他在最终定论前至少有过四个版本。② 比较这些不同的版本，可以发现，朱熹基本上都是从气象上来比较曾点和三子之志的。只是在朱熹看来，曾点气象有不同的表现方式：在行上表现为"从容"，《或问》将其解释为"悠然逊避"、"雍然闲暇"；在知上表现为"洒落"，版本二将其解释为义理把握的"无所滞碍"，在与门人讨论中解释为"见得这物事透彻"；③ 在辞气方面则表现为"悠然"，也就是"直与天地万物上下同流，各得其所之妙"所体现的自然和乐，这是一种自得、自然、自乐的气象。

在"许点叹由"结构中既有"许点"的一面，又有"叹由"的另一

---

① 光宗绍熙五年甲寅(1194)后一次与门人讨论时说："'浴沂'一章解，向来亦曾改过，但令寻未见在。"(《朱子语类》第三册卷第四十《先进篇下》，前揭，页1040)庆元三年丁巳(1197)《答万正淳》书曰："《四书章句集注》诚有语病，中间尝改定，亦未惬意。今复改数句，似颇无病，试更详之。"(《朱子全书》第二十二册《文集》卷五十一《答万正淳》三，前揭，页2389)

② 版本一："日用之间，无非天理流行之妙，曾皙有见如此，故欲乐此以终身。""曾点之学，有以见乎天理本然之全体，无时而不发见于日用之间，故其胸中洒落，无所滞碍，而动静之际从容如此。及其言志，则又不过乐此以终身焉，无他作为之念也。"(《朱子全书》第二十二册《文集》卷五十一《答万正淳》三，前揭，页2388。这两条材料是门人黄榦和万人杰至1197年所依据的版本，前者是后者的简略形式。该版本不完整，缺少了对三子所言之志的评价："视三子规规于事为之末。")版本二：《集注》以为："味曾点之言，"则见其日用之间，无非天理流行之妙，而用舍行藏，了无与于我，是虽尧舜之事业，盖所优为。其视三子规规于事为之末，不可同年而语矣。"版本三："曾点气象从容，辞意洒落。……是虽尧舜事业，固优为之。……夷考其行而不掩焉。"(《朱子全书》第二十三册《文集》卷六十一，前揭，页2966、2950)版本四："曾点之学，盖有见乎人欲尽处天理浑然，日用之间随处发见，故其动静之际从容如此。而其言志，则又不过即其所居之位，适其所履之常，而天下之乐无以加焉。用之而行，则虽尧舜事业亦不外此，不待更有所为也。但夷考其行，或不掩焉，故不免为狂士。然其视三子者规规于事为之末，则不可同年而语矣，所以夫子叹息而深许之。"(《朱子全书》第二十二册《文集》卷五十一《答万正淳》三，前揭，页2389)

③ 《朱子语类》第三册卷第四十《先进篇下》，前揭，页1038。

面。显然,李充的"鄙愿"之叹是否定性的,《皇疏》和《邢疏》的"以仕进为心"、"求为政"之叹似是肯定其进取,实则是在知上否定其不识时。明道之"所见者小",虽然仍然是在知上否定子路,但实际目的在于激以进之,而且知的内容有了根本的不同,所谓"小",不是具体的官小、国小,而是道理小。朱熹的"规规"之叹,所叹的不仅仅是其在知上的"不达为国以礼道理",还表现为在言和行上的"轻遽之貌",虽然子路所言之志中包含了有勇且向义的目标,但他的"率尔而对"又表明他并没开显出那大本大根的道理。其实子路对具体事务的拘泥,并非仅仅表现在其言志的场景中。《集注》引谢良佐:"子路虽非有欲心者,然未能无固必也。"①正是因为子路之"固必",使其拘泥于"欲尊夫子",却"不知无臣之不可为有臣"之理而"陷于行诈欺天",②以至于朱熹在解释《论语·宪问》"子路问事君"章时引范祖禹曰:"犯非子路之所难也,而以不欺为难。故夫子教以先勿欺而后犯也。"③

由上可见,在朱熹看来,子路虽以政事见长,但从其"规规于事为之末"的气象及其为政言行来分析,那为国治民的大本大根道理在子路那里总是被遮蔽着。这对于儒家士大夫来说,是最为致命的危险。从容、洒落、悠然虽然是外在的气象,它所体现和表达的却是内在的精神理念,这种为国治民的思想理念或价值准则来自他们自身的灵魂深处,自足而圆满,是他们与外在王权相抗衡、实现自身精神独立的唯一凭借。在孔子那里,本来就有人格

---

① 《四书章句集注》《论语集注》卷四,前揭,页 95。
② 参见《四书章句集注》《论语集注》卷五,前揭,页 112。此外,《论语·子罕》之"子路终身诵之",朱熹解为"终身诵之,则自喜其能,而不复求进于道矣"(《四书章句集注》《论语集注》卷五,前揭,页 115);《论语·先进》之"若由也不得其死",朱熹认为"子路只见得下一截道理,不见上一截道理"(《朱子语类》第三册卷第四十三《子路篇》,前揭,页 1100),"徒知食焉不避其难之为义,而不知食辄之食为非义也"(《四书章句集注》《论语集注》卷七,前揭,页 142)。这些都属于"规规"之类。
③ 《四书章句集注》《论语集注》卷七引,前揭,页 155。

重于权位的思想,《论语·八佾》孔子答鲁定公"君使臣以礼,臣事君以忠",这里"礼"和"忠"的人格规范就超越了君臣的等级之分。《论语·子罕》"三军可夺帅也,匹夫不可夺志也"则更是凸现出"志"的人格比"帅"位的重要。孔子的这一思想在孟子那里得到了更为明白的表述,《孟子·离娄下》孟子告齐宣王曰:"君之视臣如手足;则臣视君如腹心;君之视臣如犬马,则臣视君如国人;君之视臣如土芥,则臣视君如寇雠。"①朱熹对孔、孟的这种思想理念极为重视,他在与门人讨论"君使臣以礼"章时特别突出"礼"的人格对君主权位的超越;②讨论"三军可夺帅"章时更是强调"做官夺人志";③《集注》在解释"孟子告齐宣王"章时则根据齐宣王对群臣邈然无敬的事实,认为当君子对待臣子像土芥一样任意践踏和砍杀时,臣子像对待仇敌一样地回报他,也是很自然的事情。④ 但对于儒家士大夫而言,要实现自身人格对君权的独立,勇的品格固然是一个前提,但更为重要的是必须保持自身人格的纯粹,如果那内在的大本大根道理被遮蔽,儒家士大夫的言行就会沦为绝对王权的纯粹控制环节,这也许就是子路杀身却没能成仁所揭示的悲剧性意义,所以对于以"正君心为大本"⑤的朱熹来说,消除遮

---

① 关于孟子道德重于权势思想的分析论述,可参见刘泽华,《中国政治思想史》(先秦卷),杭州:浙江人民出版社,1996,页193—195。
② 朱熹指出:"自人臣言,固是不可不忠。但人君亦岂可不使臣以礼!若只以为臣下当忠,而不及人主,则无道之君闻之,将谓人臣自是当忠,我虽无礼亦得。如此,则在上者得肆其无礼。后人好避形迹,多不肯分明说。"(《朱子语类》第二册卷第二十五《八佾篇》,前揭,页626)
③ 《朱子语类》第三册卷第三十七《子罕篇下》,前揭,页982。
④ 朱熹引孔文仲曰:"宣王之遇臣下,恩礼衰薄,至于昔者所进,今日不知其亡;则其于群臣,可谓邈然无敬矣。故孟子告之以此。手足腹心,相待一体,恩义之至也。如犬马则轻贱之,然犹有豢养之恩焉。国人,犹言路人,言无怨无德也。土芥,则践踏之而已矣,斩艾之而已矣,其贱恶之又甚矣。寇雠之报,不亦宜乎!"(《四书章句集注》《孟子集注》卷八,前揭,页290)
⑤ 朱熹语门人讨论中提出:"天下事有大根本,有小根本。正君心是大本。其余万事各有一根本,如理财以养民为本,治兵以择将为本。"(《朱子语类》第七册(转下页)

蔽,开显这一大本大根的道理就更是意义非凡。为此,朱熹鞭辟入里,继承了传统"与其临渊羡鱼,不如退而结网"的向内发展道路,①致力于解除自身欲望之内在控制的工作,晚年的两封书信可以进一步印证他的这一选择:宁宗庆元二年丙辰(1196),门人严世文致书朱熹谈自己对版本二的理解:

> 某尝因是而思之,为学与为治,本来只是一统事,他日之所用,不外乎今日所存。三子却分作两截看了。如治军旅,治财赋,治礼乐,与凡天下之事,皆是学者所当理会,无一件是少得底。然须先理会要教自家身心自得无欲,常常神清气定,涵养直到清明在躬,志气如神,则天下无不可为之事。……子路当蒯聩之难,知食焉不避其难,而不知卫辄之食不可食。季氏富于周公,而求也为之聚敛而附益之,后来所成就止于如此,正为它不知平日率性循理,便是建功立事之本,未到无入不自得处。夫子之不与,其有以知之矣。所见如此,不背驰否?乞与订正。
>
> 此一段说得极有本末,学者立志要当如此。②

对严世文"平日率性循理,便是建功立事之本"的理解,朱熹的答复非常肯定。也许通过和门人的这种富有启发性的讨论,朱熹最终对以往版本中都有的"尧舜事业亦优为之"做出了修改,以"胸次悠然,直与天地万物上下同流,各得其所之妙,隐然自见于言外"代替了第四个版本中的"用之而行,则虽尧舜事业亦不外此,不待更有所为也,但夷考其行,或不掩焉,故不免为狂士",并且在

(接上页注⑤)卷第一百八《论治道》,前揭,页2678。
① 参见余英时《朱熹的历史世界——宋代士大夫政治文化的研究》下第八章第一、二部分,北京:生活·读书·新知三联书店,2004,页400–423。
② 《朱子全书》第二十三册《文集》卷六十一《答严时亨》二,前揭,页2966–2968。

庆元五年己未(1199)《答廖子晦》书中对这一修改作了解释：

> 曾点一段,《集注》中所引诸先生说已极详明。盖以其所见而言,则自源徂流、由本制末,尧舜事业,何难之有? 若以事实言之,则既曰行有不掩,便是曾点实未做得,又何疑哉? 圣人与之,盖取其所见之高,所存之广耳,非谓学问之道只到此处便为至极而无以加也。然则学者观此,要当反之于身,须是见得曾点之所见,存得曾点之所存,而日用克己复礼之功却以颜子为师,庶几足目俱到、无所欠缺。①

由此可见,内圣如何开出外王,在朱熹那里不是问题,问题是如何内圣。曾点之所见加颜、参之工夫,足目俱到、知行相须,这就是朱熹开出的"超凡入圣"②的内在超越之路。

五、子路之弔诡

《论语·卫灵公》曰："君子义以为质,礼以行之,孙以出之,信以成之。君子哉!"这是孔子提出的判断君子行为的四条标准：义、礼、逊、信,《集注》概括其为"君子之道",③朱熹在与其门人讨论时,对该"君子之道"有一个详细的解释,这一解释表明,如果达到了义、礼、逊、信四条标准,同时也会显现出从容、悠然的气象：

> 或问"君子义以为质"一章。曰："义,只是合宜。义有刚决意思,然不可直撞去。礼有节文度数,故用'礼以行之'。

---

① 《朱子全书》第二十二册《文集》卷四十五《答廖子晦》十六,前揭,页2108。
② 《朱子语类》第二册卷第二十九《公冶长下》,前揭,页759。
③ 《四书章句集注》《论语集注》卷八,前揭,页165。

'孙以出之',是用'和为贵'。义不和,用'礼以行之',已自和。然礼又严,故'孙以出之',使从容不迫。信是朴实头做,无信则义礼孙皆是伪。"贺孙。①

关于"君子",朱熹《大学章句》解释其为后代具有理想人格的贤臣和王。② 所以,可以拿这四条标准与擅长于政事的子路作一比较:在"义"上,子路事季氏、事孔悝而"不明于大义";在"礼"上,"其言不让"而违背了为国以礼道理;在"逊"上,"率尔而对"以至"规规于事为之末";在"信"上,"不知无臣之不可为有臣"而陷于"行诈欺天"。显而易见,用义、礼、逊、信的"君子之道"来衡量,子路之"过差"③实为不少。同时,如前所述,子路作为求仁者,由于对于作为性理之"义"的不明、对"礼"的不达,竟然杀身都未能成仁。与此形成鲜明对照的则是,对朱熹来说,子路作为圣门高弟,一直在其心目中占据着很高的地位,子路的"车马衣裘与朋友共,敝之而无憾"、"衣敝缊袍,与衣狐貉者立而不耻"、"有闻未之能行,唯恐有闻"、"人告之以有过则喜"、"无宿诺"、"好勇"等品格以及"千乘之国可治其赋"的治国之才都给他留下了深刻的印象,朱熹对子路这些德才方面的特点都给予过很高的评价,把他作为不为外物所役、勇于为善的典范,让人看到的又是一个德才兼备的子路,这是《论语》中政事科排第一的冉求都不能相比的。④ 于是,子路

---

① 《朱子语类》第三册卷第四十五《卫灵公篇》,前揭,页 1159—1160。
② 朱熹解《大学》"君子贤其贤而亲其亲,小人乐其乐而利其利,此以没世不忘也"中的"君子"为"后贤后王"(《四书章句集注》《大学章句》,前揭,页 6)。
③ 按照朱熹的说法,子路作为有志于仁者,在诸多方面存在的问题只能定性为"过差",即过失、差错。朱熹在与门人讨论《论语·里仁》"苟志于仁"章时指出:"志于仁,则虽有过差,不谓之恶。惟其不志于仁,是以至于有恶。"《朱子语类》第二册卷第二十六《里仁篇上》,前揭,页 646)
④ 朱熹甚至把冉求作为孔门不能立志的典型(参见《朱子语类》第七册卷第一百一十八《训门人六》,页 2838、2846)。在与门人讨论《先进篇》"季氏富于周(转下页)

的案例给人所展示的是这样的吊诡:擅长于政事且德才兼备的子路竟于义、礼、逊、信的君子之道屡显过差,作为求仁者的圣门高弟杀身却未能成仁!

在朱熹看来,子路的吊诡可以从两个密切相关的方面给学者们以警示。首先是关于学与政的问题。前文的分析表明,子路的问题源于他对道的不见、不明、不达,具体在学与政关系上则表现为"失先后本末之序"。据《论语·先进》"侍坐"章之前的"子路使子羔为费宰"章记载,子路曾经与孔子强辩"有民人焉,有社稷焉,何必读书,然后为学",而被孔子斥责为"佞者"。朱熹认为子路之言虽"非其本意",但多少也反映出他在学政关系上的混乱,所以引范祖禹,以充分肯定《左传·襄公三十一年》子产"学而后入政,未闻以政学者"的说法,认为"道之本在于修身,而后及于治人,其说具于方册",责备子路"欲使子羔以政为学,失先后本末之序"。① 前文曾引宁宗庆元丙辰(1196)严世文致朱熹书,书中提出"平日率性循理,便是建功立事之本",批评三子把为学与为治分作两截看。应该说师徒二人关于为学与为政、为学与为治的论述是异曲同工。对于企图通过正君心而与皇帝"同治天下"的宋儒来说,在学政关系上,吸取子路"失先后本末之序"的教训尤为重要。

其次是关于志与政的问题。子路的困境同时也源于其对义的不明,具体到志与政的关系上,则表现为志受政的支配而发生

(接上页注④)公"一章时也说:"人最怕资质弱。若过于刚,如子路虽不得其死,百世之下,其勇气英风,尚足以起顽立懦!若冉有之徒,都自扶不起。如云'可使足民',他岂不知爱民,而反为季氏聚敛。"(《朱子语类》第三册卷第三十九《先进篇上》,前揭,页1016)朱熹还把冉求作为孔门才质不得善用的典型:"'求也艺',于细微上事都理会得。缘其材如此,故用之于聚敛,必有非他人所及者。惜乎,其有才而不善用之也!"(《朱子语类》第三册卷第三十一《雍也篇二》,前揭,页792)

① 参见《四书章句集注》《论语集注》卷六,前揭,页129。此外,朱熹与门人讨论时也肯定了子产之言,认为《左传·襄公》"'学而后从政,未闻以政学'一段,说得好"(《朱子语类》第三册卷第四十《先进篇下》,前揭,页1025)。

偏离或迷失。孔子曰:"志于道,据于德,依于仁,游于艺。"①《集注》释"志"与"道"为"志者,心之所之之谓。道,则人伦日用之间所当行者是也。如此而心必之焉,则所适者正,而无他歧之惑矣",②其中的"所适者",即是政。在朱熹看来,"志于道",实际上就是要以道③作用于政,进而使政转化为"正",使无道之天下转化为有道之天下。对于一般学者来说,"'志于道',犹是两件物事",④志者与道未能为一,对道的理会仍未透彻,或者用孟子的话

---

① 《论语·述而》。
② 同时还对据德、依仁、游艺作了解释,并概括了本章宗旨:"据者,执守之意。德者,得也,得其道于心而不失之谓也。得之于心而守之不失,则终始惟一,而有日新之功矣。依者,不违之谓。仁,则私欲尽去而心德之全也。功夫至此而无终食之违,则存养之熟,无适而非天理之流行矣。游者,玩物适情之谓。艺,则礼乐之文,射、御、书、数之法,皆至理所寓,而日用之不可阙者也。朝夕游焉,以博其义理之趣,则应务有余,而心亦无所放矣。此章言人之为学当如是也。盖学莫先于立志,志道,则心存于正而不他;据德,则道得于心而不失;依仁,则德性常用而物欲不行;游艺,则小物不遗而动息有养。学者于此,有以不失其先后之序、轻重之伦焉,则本末兼该,内外交养,日用之间,无少间隙,而涵泳从容,忽不自知其入于圣贤之域矣。"(《四书章句集注》《论语集注》卷四,前揭,页94)
③ 《四书或问》中,朱熹认为道是"义理之总名"(《四书或问》,前揭,页236),在与门人讨论中,朱熹认为道是"日用当然之理"(《朱子语类》第三册卷第三十四《述而篇》,前揭,页863),所以,根据余英时对"道学"、"道统"的相关分析(《朱熹的历史世界——宋代士大夫政治文化的研究》上,前揭,页7-35),此处的"道"非"道统"之"道",而是"道学"之"道",或"道理"之"道"。
④ 《朱子语类》第三册卷第三十四《述而篇》,前揭,页865。《四书或问》和《朱子语类》都认为志道、据德、依仁、游艺之间有先后之序、疏密之等:"志、据、依、游,人心之所必有而不能无者也;道、德、仁、艺,人心之所当志、据、依、游之地,而不可易者也。以先后之次言之,则志道而后德可据,据德而后仁可依,依仁而后艺可游。以疏密之等言之,则志道者未如德之可据,据德者未若仁之可依,依仁之密乎内,又未尽乎游艺之周于外也。详味圣人此语,而以身体之,则其进为之序,先后疏密之等,皆可循序以进,而日用之间,心思动作,无复毫发之隙漏矣。"(《四书或问》,前揭,页237)据潘植所录,朱熹与门人讨论时认为"'志于道,据于德',说得尚粗。到'依于仁',方是工夫细密"(《朱子语类》第三册卷第三十四《述而篇》,页870)。此外,朱熹在与门人讨论《大学》八条目之格物、致知时也说"致知、格物,便是'志于道'"(《朱子语类》第一册卷第十五《大学二》,前揭,页293),这就意味着立志者要与道为一,首先就得有一个格物致知的过程。

来说,仁义礼智未能"根于心",①所以必须警醒的是,在"志于道"、明道、使仁义礼智"根于心"的过程中,即使有机会参与现存之政,也应预先估计到这样一种可能:现存之政没得到改变,而自身之志却被改变而发生偏离、甚至完全背离。所以,漆雕开不出仕,闵子骞拒为费宰,②正是由于他们的先见之明,而没有陷入子路事季氏"不能辅之以义"、事孔悝"不得其死"、冉求为季氏聚敛几被孔子逐出师门③的尴尬境地。前文曾经提到朱熹的一句箴言:"做官夺人志",这也许就是其根据之所在。子路之志虽为使民"勇且向义",在事季氏、事孔悝时却"不明于大义",其志发生偏离,学者尤须谨记。但子路毕竟是"求仁者","苟志于仁矣,无恶也",④朱熹甚至认为"百世之下,其勇气英风,尚足以起顽立懦"。⑤ 冉求则不同,"以仕为急,故从季氏",季氏施暴政,竟"一向从其恶",⑥所言之志为"足民",实际却为季氏"聚敛",已完全背离"足民"之志,朱熹甚至将其作为孔门不能立志的典型⑦,学者尤须警惕。

根据以上分析,朱熹引胡五峰"立志以定其本,居敬以持其

---

① 《孟子·尽心上》。朱熹与门人讨论时提出"孟子谓'仁义礼智根于心',只'根'字甚有意。如此用心,义理自出",并认为"养得到,见得明,便自然生根,此是人功夫做来"(《朱子语类》第四册卷第六十《尽心上》,前揭,页1444)。

② 漆雕开不出仕、闵子骞拒为费宰的故事分别见于《论语》《公冶长篇》和《雍也篇》。朱熹对二者都给出了很高的评价,认为漆雕开"笃志",引谢良佐赞闵子之贤:"闵子得圣人为之依归,彼其视季氏不义之富贵,不啻犬彘。又从而臣之,岂其心哉?在圣人则有不然者,盖居乱邦、见恶人,在圣人则可;自圣人以下,刚则必取祸,柔则必取辱。闵子岂不能早见而豫待之乎?如他也不得其死,求也为季氏附益,夫岂其本心哉?盖既无先见之知,又无克乱之才故也。然则闵子其贤乎?"(《四书章句集注》《论语集注》,前揭,页76、86—87)

③ 《论语·先进》原文为:"季氏富于周公,而求也为之聚敛而附益之。"子曰:"非吾徒也。小子鸣鼓而攻之,可也。"

④ 《论语·里仁》。

⑤ 《朱子语类》第三册卷第三十九《先进篇上》,前揭,页1016。

⑥ 同上。

⑦ 参见《朱子语类》第七册卷第一百一十八《训门人六》,前揭,页2838、2846。

志"训门人，①重视《周易·坤·文言传》"敬以直内，义以方外"的功夫，②走内在超越之路，就有其合理性。其合理性就在于他给当时的学者、门人所提供的是一种进退自如、开放广阔的选择：进可为政，退可为学；进可立德、立功，变无道为有道，退可立言。退并非是与政、与治无关的独善其身，它固然在建功立事上少一些发挥，但在维护儒家知识分子的人格独立，道的传承方面③也可以有大的作为。进、退所从事的具体工作不同，但维护道的任务却相同。在志与道之间做学与政的思考，根据统一的道确定自己在不同时间、空间中所应充当的不同角色，也许这是朱熹解道学不传之忧的又一药方。

---

① 《朱子语类》第七册卷一百一十八《训门人六》，前揭，页2845。钱穆对朱熹晚年的这一变化也非常重视，认为立志可以使敬的功夫更具体，同时认为"胡五峰言居敬以持其志乃在格物前，不是正格物时，所辩皆甚精到"《朱子新学案》上《朱子论立志》，成都：巴蜀书社，1986，页611—614）。
② 据门人叶贺孙所录，朱熹认为"只是'敬以直内，义以方外'八个字，一生用之不穷！"（《朱子语类》第五册卷第六十九《易五·坤》，页1739）又朱熹于宁宗庆元五年己未(1199)以"日用工夫须用'敬以直内，义以方外'二句为要"训陈淳（《朱子语类》第七册卷第一百一十七《训门人五》，前揭，页2816）。
③ 杜维明在《刘因儒家隐逸主义解》一文中就曾经指出，道"不能仅靠参与政治来保存"（杜维明，《道学政——论儒家知识分子》，上海：上海人民出版社，2000，页85）。

第四章　子夏之学与仁

对于学,宋儒极为重视,周敦颐提出"学颜子之所学",①张载要"为去圣继绝学",②程颐作《颜子所好何学论》,甚至提出:"周公没,圣人之道不行;孟轲死,圣人之学不传。道不行,百世无善治;学不传,千载无真儒。无善治,士犹得以明夫善治之道,以淑诸人,以传诸后;无真儒,则贸贸焉莫知所之,人欲肆而天理灭矣。"③由此,学在宋儒心目中的地位已可见一斑。第一章在探索达到颜乐的途径时,朱熹非常肯定地得出"学者但当从事于博文约礼之诲"的结论,其中的"博文"之"文"就是学;而在讨论到颜乐的本源时,朱熹又明确提出"唯仁故能乐"。此外,朱熹在与门人讨论《论语·学而》"巧言令色"章时也提出:"《论语》首章载时习,便列两

---

① 周敦颐,《通书·志学第十》。
② 张载著,章锡琛点校,《张载集》《拾遗》《近思录拾遗》,北京:中华书局,1978,页376。
③ 《宋史》卷四二七《列传第一百八十六·周敦颐 程颢 程颐 张载 弟戬 邵雍》。

章说仁次之,其意深矣!"①这表明在朱熹看来,学和仁之间有着某种内在的关联。那么,这是一种什么样的关联呢? 以文学著称的子夏提出过一个命题:"博学而笃志,切问而近思,仁在其中矣。"朱熹认为,孔门弟子中属子贡和子夏"得知之深",②子夏在小学方面能坚持洒扫应对,在大学方面能与孔子论诗而知学,在学上成绩斐然。"博学而笃志,切问而近思"本身就是学问之事,那么,当他说"仁在其中"的时候,所表达的是一种什么样的思想内涵呢? 本章将以子夏与子游论为学次序、子夏与孔子论诗为个案,以子夏"博学而笃志,切问而近思,仁在其中矣"这一独特命题为核心讨论学与仁的问题,基本思路是先介绍子夏关于为学次序、论诗、学与仁关系的话语本身所包含及其所引发的问题;随之分析朱熹根据自己的生活经验对这些问题的理解及其解决方式,以及子夏在为学与为仁方面存在的问题;最后揭示"仁在其中"这一命题在朱熹思想中的真实意义。

一、先传后倦

《论语·子张》记载了一则关于传道与为学次序的对话,对话在孔门同以文学著名的子游与子夏之间展开:

> 子游曰:"子夏之门人小子,当洒扫、应对、进退,则可矣。抑末也,本之则无。如之何?"
>
> 子夏闻之曰:"噫! 言游过矣! 君子之道,孰先传焉? 孰后倦焉? 譬诸草木,区以别矣。君子之道,焉可诬也? 有始

---

① 《朱子语类》第二册卷第二十《学而篇上》,页480。
② 《朱子语类》第二册卷第二十六《里仁篇上》,页643。

有卒者,其惟圣人乎!"(《子张》)

子游从本末关系出发,强调君子之道的传授应重视"本",子夏则对之以先后,强调君子之道的传授应根据传授对象的资质特点注意先后次序。子游虽然没有否认"末",但言下之意实为批评子夏有末无本,子夏则以"先传后倦"反唇相讥。批评者在不否认"末"的前提下强调"本",似乎理由很充足。反击者提出先末后本也很巧妙,既解释了"洒扫、应对、进退"之"末"的现实,又为君子之道中"本"的传授留下了空间。但问题在于,先末后本的根据在哪里?为什么不能先本后末?子夏提供的是"区以别矣之草木"和"有始有卒之圣人"的类比。子游是一个处事不拘小节的人,用朱熹的话来说,是个"见处高明"、"高简、虚旷、不屑细务底人",①听了子夏这种拘泥于事实经验的解释,肯定还会有话要说。可惜的是,对话不是面对面地进行的,子游不能作出进一步的批评,子夏也没有机会使何以先末后本的思想火花在进一步的交锋中迸发出来,于是就给后人留下了想象的空间。

汉代注家的主要精力集中于对"本"、"末"、"先传"、"后倦"、"草木之区别"、"圣人之有始有卒"的字面解释,如包咸解释子游的批评为:"言子夏弟子,但当对宾客修威仪礼节之事则可。然此但是人之末事耳,不可无其本,故云本之则无,如之何?"解释"先传"、"后倦"为:"言先传业者必先厌倦,故我门人先教以小事,后将教以大道。"马融解释"草木之区别"为:"言大道与小道殊异。譬如草木,异类区别,言学当以次。"孔安国解释"圣人之有始有卒"为"终始如一"。② 这些解释虽然提出了"大道"、"小道"的区

---

① 《朱子语类》第二册卷第二十三,前揭,页564;《朱子语类》第六册卷第九十三,前揭,页2355。朱子在与门人讨论孔子诲子夏勿为小人儒时也说道"子游高爽疏畅,意思阔大,似个萧散底道人"(《朱子语类》第三册卷第三十二,前揭,页804—805)。
② 《论语注疏》,前揭,页258。

别,何以先末后本的根据则并不比子夏提供得更多。

对这一问题真正进行了深入思考的是二程。

程颢曰:"洒扫、应对、进退,便是形而上者,理无大小故也。故君子只在慎独。"冷不丁提出一个"形而上者,理无大小",而且还"只在慎独",让人很是费解。不仅如此,又曰:"洒扫应对,与佛家默然处合。"这就更费思量了。又曰:"先传后倦,君子教人有序,先传以近者小者,而后教以大者远者。非是先传以近小而后不教以远大也。"①这一句倒是比较好理解,是对子夏"先传后倦"所作的最清楚明白的解释。不过,如果把这三句语录联系起来,程颢似乎是要在"形而上者"、"无大小之理"、"佛家默然处"与"先传后倦"之间建立起某种联系,但意思不是很明确。

程颐曾直接面对"何以先末后本"的问题。或问:"古之教人,必先于洒扫应对、进退何也?"程颐答曰:"下学而上达。"②以"上下"释"先后"、"本末",似乎不太切题。③ 程颐另有三条语录,一曰:"圣人之道,更无精粗。从洒扫应对,与精义入神,通贯只一理。虽洒扫应对,只看所以然如何。"二曰:"凡物有本末,不可分

---

① 《朱子全书》第七册《论语精义》卷第十上,前揭,页619。
② 在《论语精义》中,朱子将这一问答同时编入《论语·宪问》"莫我知也夫"与《论语·子张》"子夏之门人小子"两章。
③ 在朱子看来,"上"为理,"下"为事,"上"、"下"之间是理与事的关系;"先"、"后"、"本"、"末"皆为事,相互之间都是事与事的关系。《或问》在解答"其(程颐)物有本末,而本末不可分者,何也"的问题时明确指出:"有本末者,其然之事也;不可分者,以其悉具所以然之理也。"(《四书或问》,前揭,页402)门人沈僴录曰:"'洒扫应对',末也;'精义入神',本也。不可说这个是末,不足理会,只理会那本,这便不得。又不可说这末便是本,但学其末,则本便在此也。"门人徐寓录曰:"'洒扫应对'是小学事,'精义入神'是大学事。"(《朱子语类》第四册卷第四十九,前揭,页1209)也许正因为伊川在先后本末与上下问题上的混淆,《四书章句集注》只录入了伊川以下三条语录,而没把这一问答录入(参见《四书章句集注》,前揭,页190)。门人李闳祖录曰:"'先传后倦',明道说最好,伊川与上蔡说,须先理会得子夏意,方看得。"(《朱子语类》第四册卷第四十九,前揭,页1210)这也说明朱子认为伊川在"先传后倦"的理解上是存在问题的。

本末为两段事。洒扫应对是其然,必有所以然。"三曰:"自洒扫应对上,便可到圣人事。"①这三条语录通过"精义入神"、"洒扫应对"、"本"、"末"与"所以然"、"理"这些概念的区分,明确了"本末精粗"之"事"与其"所以然"之"理"的区别与联系,是对明道语录的一种补充说明,但是"先末后本"的根据仍然没有得到明确的表达。正因为其语意不明,也使二程的弟子在理解上出了问题。②二程的语意不明,加上二程弟子尤其是谢良佐的误读,致使年轻的朱熹一度感到困惑。③

据朱熹晚年回忆,于宋高宗绍兴二十三年癸酉(1153)任同安主簿前后,他曾对二程及其门人关于这一章的解释有过一段时间的苦苦思索,《语类》有五条语录提及,④分别由门人潘时举、吴雉、叶贺孙、胡泳、王过所录,⑤其中以叶贺孙的记录最为详尽:

　　亚夫问:"伊川云:'"洒扫应对",便是形而上者,理无大小故也。故君子只在慎独。'又曰:'圣人之道,更无精粗。从"洒扫应对"与"精义入神",贯通只一理。虽"洒扫应对",只

---

① 《朱子全书》第七册《论语精义》卷第十上,前揭,页619。
② 参见《朱子全书》第七册《论语精义》卷第十上,前揭,页620-622。其中尤以谢良佐之失为著,《或问》专设三问对谢氏的解读进行批驳,其要点是,一、谢氏之意虽出于程子,但与子夏程子正相反对。二、与程子的区别表现在对"所以然"的理解上,即心之使然与理之自然的区别;程子以理无大小为言,其意以明小不谨将害其大,小不尽则不可以进于大,谢氏则反使人恃其小者以自大。三、与子夏的区别则主要表现在子夏正以次序为言,而谢氏以为无次序。子夏以草木为区别,而谢氏乃以为曲直则一。子夏以唯圣人为有始卒,而谢氏则无圣人众人之分(参见《四书或问》,前揭,页403-404)。
③ 也许正因为如此,朱子在整个《子张》篇中,对这一章用的笔墨最多,不管是《四书或问》还是《四书章句集注》,这一章都是篇幅最大的。
④ 参见《朱子语类》第四册卷第四十九,前揭,页1207-1208、1211;《朱子语类》第七册卷第一百四,前揭,页2615。
⑤ 据《朱子语类》第一册《朱子语录姓氏》,胡泳为戊午(1198)所闻,潘时举为癸丑(1193)以后所闻,叶贺孙为辛亥(1191)以后所闻,王过为甲寅(1194)以后所闻,吴雉所闻时间不详。

看所以然如何。'"曰:"某向来费无限思量,理会此段不得。如伊川门人,都说差了。且是不敢把他底做不是,只管就他底解说;解来解去,只见与子夏之说相反,常以为疑。子夏正说有本有末,如何诸公都说成末即是本?后在同安,出往外邑定验公事,路上只管思量,方思量得透。当时说与同官某人,某人亦正思量此话起,颇同所疑。①

后来,《或问》对这一思量的结果进行了总结,将二程语录中最难领会的条目设成问题,逐条予以解答。这些问题主要包括:②
第一、程颢所谓洒扫应对,便是形而上之事,何也?
第二、程颢曰洒扫应对与佛家默然处合,何也?
第三、既以为理无大小,而又以为教人有序,何也?
第四、程颐所谓洒扫应对是其然,必有所以然之说,奈何?
第五、程颐曰物有本末,而本末不可分者,何也?
其中,第一、第三个问题是关键,是朱熹对"先后"问题的总结。
朱熹对第一个问题的回答是:

> 洒扫应对,所以习夫形而下之事;精义入神,所以究夫形而上之理也。其事之大小,固不同矣,然以理言,则未尝有大小之间而无不在也。程子之言,意盖如此。但方举洒扫应对之一端,未及乎精义入神之云者,而通以理无大小结之,故其辞若有所不足,而意亦难明耳。徐绎其绪,而以是说通之,则其辞备而意可得矣。抑程子之意,正谓理无大小,故君子之学,不可不由其序,以尽夫小者近者,而后可以进夫远者大者

---

① 《朱子语类》第四册卷第四十九,前揭,页1208。
② 《四书或问》,前揭,页401—403。

耳。故曰"其要只在慎独",此甚言小之不可忽也。①

朱熹借助于程颐从《易·系辞下》引用的"精义入神"使程颢没有言明的意思得以完整表达,并通过对二程语录的整理分析,从中寻绎出一个"理"作为解决经验世界"先后"问题的根据。对第三个问题的回答则进一步从正反两方面阐明了这种先后次序的合理性:

> 无大小者,理也;有序者,事也。正以理无大小,而无不在,是以教人者,不可以不由其序,而有所遗也。盖由其序,则事之本末巨细,无不各得其理,而理之无大小者,莫不随其所在而无所遗。不由其序,而舍近求远,处下窥高,则不惟其所妄意者不可得,而理之全体,固已亏于切近细微之中矣。此所以理无大小,而教人者尤欲必由其序也。子游之说,盖失于此。故不知理之无大小,则以洒扫应对为末而无本,不知教人之有序,故于门人小子,而欲直教之精义入神之事,以尽夫形而上者之全体也。子夏与程子此条之说,盖直以其有序者言之,然其所以有序而不可易者,则又必以程子先后诸说推之,而后得其说也。②

非常清楚,在"先后"问题上,子夏和程子都以正次序为言,但与子夏满足于以草木之区别和唯圣人有始卒的类比不同,在朱熹看来,程子试图寻找一种不拘泥于事实经验、更为有效的解释方式,但程子自己并没有对这种解释方式作出明确的表述,正所谓"然其所以有序而不可易者,则又必以程子先后诸说推之,而后得其

---

① 《四书或问》,前揭,页401。
② 同上,页402。

说也",以上引文就是朱熹总结程子先后诸说得出的结论。从这个结论中可以看出,朱熹实际上是想以"理一分殊"的模式来概括程子试图寻找的解释方式。

《集注》对这一解释模式作出了明确的表述:

> 言君子之道,非以其末为先而传之,非以其本为后而倦教。但学者所至,自有浅深,如草木之有大小,其类固有别矣。若不量其浅深,不问其生熟,而概以高且远者强而语之,则是诬之而已。君子之道,岂可如此?若夫始终本末一以贯之,则惟圣人为然,岂可责之门人小子乎?……(省略了前文已引"程子先后诸说")愚按:程子第一条,说此章文意,最为详尽。其后四条,皆以明精粗本末。其分虽殊,而理则一。学者当循序而渐进,不可厌末而求本。盖与第一条之意,实相表里。非谓末即是本,但学其末而本便在此也。①

前一部分陈述是对"先传后倦"的解释,后一部分按语则是对"理一分殊"解释模式的简要说明。这是朱熹运用"理一分殊"模式的范例,②在这里,他运用这一模式成功地说明了为学次序及其根据或合理性问题,或者说是先后本末及其根据问题。

在这一解释模式中,"理"是最关键的环节,也因此才使程子与子夏不同。门人黄义刚曾与朱熹讨论子游、子夏、程子三者的区别:

> 义刚呈问目云:"子游知有本,而欲弃其末。子夏则以本

---
① 《四书章句集注》,前揭,页190。
② 陈来老师指出:"理一分殊这一命题在朱熹哲学中含有多种意义,实际上被朱熹作为一个模式处理各种跟本原与派生、普遍与特殊、统一与差别有关的问题。"(陈来,《朱子哲学研究》,上海:华东师范大学出版社,2000,页123)

末有先后之序。程子则合本末以为一而言之。详味先生之说,则所谓'洒扫应对',固便是'精义入神'事。只知于'洒扫应对'上做工夫,而不复深究'精义入神'底事,则亦不能通贯而至于浑融也。惟是下学之既至,而上达益加审焉,则本末透彻而无遗矣。"曰:"这是说洒扫应对,也是这道理;若要精义入神,须是从这里理会将去。如公说,则似理会了'洒扫应对'了,又须是去理会'精义入神',却不得。程子说又便是子夏之说。"义刚。①

朱熹认为,程子与子夏的不同就表现在,程子通过理使"洒扫应对"与"精义入神"通贯起来,子夏则没能说明本和末之间的联系。这也就是程子"凡物有本末,不可分本末为两段事"这一命题的真实含义,也许正因为此,《集注》按语都还要强调"非谓末即是本,但学其末而本便在此也"。②

不过,需要注意的是,朱熹强调"洒扫应对"之末与"精义入神"之本的内在联系,其意并非要在"理"上大做文章,而只是为了给"由小及大、由近及远、循序渐进"的为学次序找到一个坚实的

---

① 《朱子语类》第四册卷第四十九,前揭,页1210。
② 其实,朱子在与门人讨论时,这也是热门话题之一。如曾祖道录曰:问"子夏门人洒扫应对进退"一段。曰:"人只是将上达意思压在头上,故不明子夏之意。但云君子之道孰为当先而可传?孰为可后而倦不传?'譬诸草木,区以别矣',只是分别其小大耳。小子之学但当如此,非无本末之辨。"陈淳录曰:古人初学,只是教他"洒扫应对进退"而已,未便说到天理处。子夏之教门人,专以此,子游便要插一本在里面。"民可使由之,不可使知之",只是要他行矣而着,习矣而察,自理会得。须是"匡之、直之、辅之、翼之、使自得之、然后从而振德之"。今教小儿,若不匡,不直,不辅,不翼,便要振德,只是撮那尖利底教人,非教人之法。沈僩录曰:或云:"'洒扫应对'非道之全体,只是道中之一节。"曰:"合起来便是道之全体,非大底是全体,小底不是全体也。"问:"伊川言:'凡物有本末,不可分作两段。'"曰:"须是就事上理会道理,非事何以识理?'洒扫应对',末也;'精义入神',本也。不可说这个是末,不足理会,只理会那本,这便不得。又不可说这末便是本,但学其末,则本便在此也。"(《朱子语类》第四册卷第四十九,前揭,页1206—1207、1209)

理由。因为在朱熹看来，洒扫应对所引发的"先传后倦"、"先末后本"的讨论虽然发生在子夏所生活的古代，但自己生活的时代问题更为严重，已经不是谁先谁后的问题，而是作为末的小学功夫全失，需要填补，①首要的任务就是"从切身处理会道理"。因此也才会导致，朱熹在本章对子夏的评价也值得关注。在《论语·先进》"子贡问师与商也"章中，孔子曾评价子夏"不及"，朱熹的解释是："子夏笃信谨守，而规模狭隘，故常不及"；②"子夏合下浅狭，而不能穷究道体之大全，所以终于不及。"③本来，子夏在本末上存在的问题是其"不及"的最好注释，但是，在《集注》、《或问》和《语类》直接对本章的所有注释、设问和讨论中，除了有一次给门人提到"孔门除曾子外，只有子夏守得规矩定"，④其它情况下基本保持沉默。而与此形成鲜明对比的是，对源于程子之意、致力于上达的谢良佐，《或问》则特设三个专题予以批评。

　　子夏强调的洒扫应对进退等小学功夫，正是朱熹生活的时代所缺乏的，而小学教育的功能就在于"养得小儿子诚敬善端发见"。⑤

---

① 门人叶贺孙录曰："古人便都从小学中学了，所以大来都不费力，如礼乐射御书数，大纲都学了。及至长大，也更不大段学，便只理会穷理、致知工夫。而今自小失了，要补填，实是难。但须庄敬诚实，立其基本，逐事逐物，理会道理。待此通透，意诚心正了，就切身处理会，旋旋去理会礼乐射御书数。今则无爪甲乎御。如礼乐射书数，也是合当理会底，皆是切用。但不先就切身处理会得道理，便教考究得些礼文制度，又干自家身己甚事。"《朱子语类》第一册卷七《小学》，前揭，页125）
② 《四书章句集注》，前揭，页126。
③ 《朱子语类》第三册卷第三十九，前揭，页1015-1016。其实，子夏也有过不拘小节的言语，《论语·子张》载：子夏曰："大德不逾闲，小德出入可也。"但朱子还是将其解释为"不及"。后文将有讨论。
④ 《朱子语类》第四册卷第四十九，前揭，页1206。
⑤ 《朱子语类》第一册卷七《小学》，前揭，页124。

二、礼后乎

子夏虽然没能说清楚小学之本末的相互关系,但并不妨碍他对本的把握。他对诗的本质内涵的理解就极机敏而具悟性。① 根据《论语》的记载,孔门弟子中,与孔子论诗而得到孔子赞许的,只有两人,一个是第二章已经讨论的子贡,另一个就是子夏。程子门人谢良佐还对两者进行了比较:"赐也因论学而知《诗》,商也因论《诗》而知学,故皆可与言诗矣。"②

《论语·八佾》记载了子夏与孔子论诗的对话:

> 子夏问曰:"'巧笑倩兮,美目盼兮,素以为绚兮。'何谓也?"
> 子曰:"绘事后素。"
> 曰:"礼后乎?"
> 子曰:"起予者商也!始可与言诗已矣。"(《八佾》)

---

① 在大学教育中,诗具有非常重要的地位,它既是孔子雅言的首要内容(《论语·述而》),又是人立身成德的首要因素(《论语·泰伯》),朱子也把"兴于诗,立于礼,成于乐"这三者之序解释为"非小学传授之次,乃大学终身所得之难易、先后、浅深也。"(《四书章句集注》,前揭,页105)孔子对弟子做出比较高的评价时,也往往与诗有关。

② 《朱子全书》第七册《论语精义》卷第二上,前揭,页109。《集注》征引了谢良佐的这一评价,但征引时"诗"没有用书名号。旧说认为子夏所提出讨论的三句诗中,前两句属于《诗·卫风·硕人》,最后一句"素以为绚兮"《诗》中没有,是为孔子所删。朱子认为"删诗者,去其不合于义理者耳。今此句之义,夫子方有取焉,而反见删者,何哉?且硕人之诗四章,而章皆七句,不应此章独多一句而见删,又不应因删此句而并及他章,例损一句以取齐也。盖不可知其为何诗矣!"(《四书或问》,前揭,页159)所以他认为这三句诗都是逸诗(《四书章句集注》,前揭,页63)。

依谢良佐对子夏"因论《诗》而知学"的评价,子夏所知之"学"所指的是内容,而不是方法。因为子夏的知学与子贡的知《诗》是相对应的,如果子夏所知的是如何学,那么与此相应,子贡所知的就应是如何做《诗》,但事实上,子贡所知的是《诗·卫风·淇澳》中的"如切如磋,如琢如磨"及其含义。而且从历代注家对这一段对话的疏解来看,其争论的焦点也主要集中在对子夏所知"学"的内容,也就是对这则对话实际所蕴含的思想内容的理解上。

把握这则对话所蕴含的思想内容的关键之一,在于对"绘事后素"的理解,实际上也就是对"素"与"后"的理解。对"素"与"后"的理解不同,直接决定对那"起予"之"礼后乎"思想涵义的把握。

汉代注家注重对倩、盼、绚、绘、素等关键文字的解释。马融曰:"倩,笑貌。盼,动目貌。绚,文貌。"郑玄曰:"绘,画文也。凡绘画先布众色,然后以素分布其间,以成其文,喻美女虽有倩盼美质,亦须礼以成之。"孔安国曰:"孔子言绘事后素,子夏闻而解,知以素喻礼,故曰礼后乎。"包咸曰:"孔子言,子夏能发明我意,可与共言《诗》。"① 按照汉儒的这种解释,以素喻礼,那巧笑美目的美女,必须经过礼的文饰才能成,就像绘画,先布的众色必须借助于素才能绚然分明。那么,经过礼文饰以后的美女所成的是什么呢?汉儒们没有明说,魏何晏将这段对话的主旨概括为"成人须礼",并引《考工记》"画绘之事,杂五色","画缋之事,后素功",将其解释为"凡绘画先布众色,然后以素分布其间,以成其文章也",② 为汉儒的理解提供佐证。显然,在何晏看来,经过礼文饰以后的美女所成的是"人"。由此可以推论,这个美女是有先后之别的,礼化以前的美女还只是质女,礼化以后的美女就成了素女,质

---

① 《论语注疏》,前揭,页33。
② 同上。

女还不是人,只有素女才是人。这一理解表面上看似乎有些意思,仔细思量却并非浃洽,用杨时的话来说就是"固而已",①也即死板狭隘,用凌廷堪的话来说,就是"不免格格不吐"。② 那么这格格没吐的是什么呢?

先来看程颐的解释:"'素'喻质,'绘'喻礼。凡绘,先施素地而加采,如有美质而更文之以礼。"③与汉儒相比,这一解释有两点变化,一是喻礼的对象由素变成了绘,使素得以与质相连;二是素由后变成了先(后素→后于素),是先有素质,后有采礼。但没有改变汉儒"成人须礼"的基本思想,伊川云:"美质待礼以成德,犹素待绘以成绚。子夏能谕,故曰'起予'。"④这实际上所体现的是礼重质轻的思想。

杨时则从《礼记·礼器》中为老师的"先素后采、先质后礼"寻找到了可靠证据:"'甘受和,白受采,忠信之人,可以学礼。苟无其质,礼不虚行。'此'绘事后素'之说也。夫善教者使人继其志。孔子曰'绘事后素',而子夏曰'礼后乎',可谓能继其志矣。"⑤《礼器》引文中的"忠信"犹质,"甘白"犹素,"和采"犹绘,先质后礼,就如先素后绘。

程子门人范祖禹则进一步对质与礼的这种先后关系作了更为明确的表述:"'忠信之人,可以学礼。'故质为之先,礼为之后,凡学礼者必先诚信而后可也。夫子之美卜商,以其知所先后,可

---

① 杨时批评汉儒曰:"玩心于章句之末,其为诗也固而已。"(《朱子全书》第七册《论语精义》卷第二上,页 109)这一批评也被《集注》所征引(《四书章句集注》,前揭,页 63)。
② 凌氏批评曰:"何氏《集解》云'以素喻礼',但依文解之,而不能申言其义。毛氏、惠氏、戴氏虽知遵旧注,而解因素悟礼之处,不免格格不吐。"(凌廷堪,《校礼堂文集》,北京:中华书局,1998,页 147)
③ 《二程集》上《河南程氏外书》卷第六,前揭,页 380。
④ 《二程集》下《河南程氏经说》卷第六,前揭,页 1136。
⑤ 《朱子全书》第七册《论语精义》卷第二上,前揭,页 109。

与入德矣。"谢良佐亦曰:"有不忠不信之人,而欲以禹行舜趋为礼,亦悮矣。"①

"凡学礼者必先诚信而后可"表明,对质礼关系理解的重心在发生转移,所以,《或问》曰:

> 旧说以素喻礼者,失之远矣,程子始正其先后之序,则得之。然其曰质待礼、素待画者,不若范、谢、杨说之为协于文也。②

《或问》还将"巧笑倩兮,美目盼兮,素以为绚兮"三句诗与孔子"绘事后素"的涵义进行了比较,突出质的地位:

> 诗人之意,但谓既有倩盼之质,而又加以粉黛之饰。夫子之意,则以为必有是质,然后可加以饰耳。③

《集注》和与门人的讨论都强调了质的重要性:

> 礼必以忠信为质,犹绘事必以粉素为先。④

---

① 《朱子全书》第七册《论语精义》卷第二上,前揭,页108。
② 《四书或问》,前揭,页159—160。
③ 同上,前揭,页160。
④ 《四书章句集注》,前揭,页63。朱子在《四书章句集注》中也引《考工记》解释"绘事后素",遭到清儒的非议。笔者认为全祖望、曹寅谷的评述较为客观。全祖望《经史问答》曰:"《论语》之说正与《礼器》相合。盖《论语》之素乃素地,非素功也,谓其有质而后可文也。何以知之? 即孔子借以解《诗》而知之。夫巧笑美目,是素地也。有此而后可加粉黛簪珥衣裳之饰,是犹之绘事也,所谓绚也,故曰绘事后于素也。而因之以悟礼,则忠信其素地也,节文度数之饰,是犹之绘事也,所谓绚也。若《考工》所云,则素功非素地也,谓绘事五采,而素功乃其中之一,盖施粉之采也。粉易于污,故必俟诸采既施而加之,是之谓后。然则与《论语》绝不相蒙。夫巧笑美目,岂亦粉黛诸饰中之一乎? 抑亦巧笑美目出于人工乎? 且巧笑美(转下页)

> 问:"伊川云'美质待礼以成德,犹素待绘以成绚',却似有质须待礼,有素须待绚。"曰:"不然。此质却重。"嚞。①

这就与汉儒的"成人须礼"从根本上区别开来,因为忠信才是礼的根本。

在礼与质的关系上,朱熹如此重视质,是有其经典依据的。《论语·八佾》曰:

> 林放问礼之本。子曰:"大哉问!礼,与其奢也,宁俭;丧,与其易也,宁戚。"

礼分为吉、凶两大类,②在吉礼和凶礼的实行中,"奢"、"易"是礼之文,"俭"、"戚"是礼之质,当时的社会风气呈现出文有余而质不足、舍本而逐末的特征。③ 正是在这样一种背景下,鲁人林放向孔

(接上页注④)目反出于粉黛诸饰之后乎?此其说必不可通者也。龟山知其非,故别引《礼器》以饰之。朱子既是龟山之说,而仍兼引《考工》之文,则误矣。"曹寅谷《四书摭馀说》曰:"然朱子之误亦有所本,盖出于郑宗颜之解《考工》,宗颜又本之荆公,盖不知《论语》与《礼器》之为一说,《考工》之又别为一说也。全谢山谓朱子误解《考工》,却不误解《论语》,若古注则误解《论语》矣。"(《论语集释》第一册卷五八佾上引,前揭,页158—159)

① 《朱子语类》第二册卷第二十五,前揭,页613。
② 沈僴录曰:辛适正问:"'林放问礼之本',何故只以丧礼答之?"曰:"礼不过吉凶二者而已。"(《朱子语类》第二册卷第二十五,前揭,页608)
③ 程子门人尹焞点出了这一背景并得到朱子的高度评价。尹焞曰:"文胜则奢,质胜则俭。当是时也,礼有文胜之弊,林放问其本,孔子所以大之,故曰'与其奢也宁俭',俭非中,然近于本也。丧以哀为实,故'与其易也宁戚',亦近本之意。"(《朱子全书》第七册《论语精义》卷第二上,前揭,页104)《四书或问》评价曰:"尹氏则约取程说而补其未备,最为有功,读者以其说而参之程子则可见矣。"(《四书或问》,前揭,页157)其实,宋代的社会风气与春秋时代很类似,伊川就曾指出:"天下之英才不为少矣,特以道学不明,故不得有所成就……古人自洒埽应对,以至冠、昏、丧、祭,莫不有礼。今皆废坏,是以人伦不明,治家无法,是不得立于礼也。"这一语录为《论语集注》卷四所征引(参见《四书章句集注》,前揭,页105)。

子请教"礼之本"的问题,得到孔子"大哉问"的高度评价,并给出了"宁俭"、"宁戚"的答案。朱熹将孔子的"大"解释为"盖得其本,则礼之全体无不在其中矣",①而把质作为礼之本。《集注》曰:

> 然凡物之理,必先有质而后有文,则质乃礼之本也。②

质与礼的关系牵涉到质与文的关系,朱熹与门人讨论时把质与文的关系比喻为树的本根与其枝叶华实的关系,完全确立了以质为本的原则:③

> 问:"'林放问礼'章,先生谓'得其本,则礼之全体无不在其中',如何是礼之全体?"曰:"兼文质本末言之。"曰:"后面只以质为礼之本,如何又说文质皆备?"曰:"有质则有文,有本则有末。徒文而无质,如何行得?譬如树木,必有本根,则自然有枝叶华实。若无本根,则虽有枝叶华实,随即萎落矣。"广。④

---

① 《四书章句集注》,前揭,页62。
② 同上。
③ 其实朱子同样从质、文关系的角度为说明质的重要找到了经典的依据。《论语·雍也》载:子曰:"质胜文则野,文胜质则史。文质彬彬,然后君子。"《集注》征引了杨时的解释:"文质不可以相胜。然质之胜文,犹之甘可以受和,白可以受采也。文胜而至于灭质,则其本亡矣。虽有文,将安施乎?然则与其史也,宁野。"(《四书章句集注》,前揭,页89)朱子"根叶"之喻与杨时的阐述可谓一脉相承。所以,《四书或问》认为该章诸解中,只有杨时为"得也"(参见《四书或问》,前揭,页123)。在门人提出"杨氏自'质之胜文'以下,皆推说,与本文不类"时,朱子认为"杨说推得却有功"(《朱子语类》第三册卷第三十二,前揭,页810—811)。
④ 《朱子语类》第二册卷第二十五,前揭,页608。总结以上朱子关于礼、质、文三者的关系,已经很清楚:礼包括质与文两个方面,质既是文之本,又是礼之本,质与文是本末关系,但质与礼不是本末关系。因此,后儒黄式三《黄氏后案》批评朱子"专以仪文为礼,遂兹本末轻重之说"(《论语集释》第一册卷五八佾上引,前揭,页160),可能为误读。《四书章句集注》解释《学而》篇"有子曰礼之用和为贵"章"礼之用"和《颜渊》篇"颜渊问仁"章"克己复礼"之"礼"为"天理之节文"(《论语四 (转下页)

"根叶"之喻表明,在文质之间,有质就有文,但如果徒文而无质,文就会成为无本之末而萎落。所以,朱熹在讨论文质关系时,特别注意其间的此消彼长,《集注》曰:

> 易,治也。孟子曰:"易其田畴。"在丧礼,则节文习熟,而无哀痛惨怛之实者也。戚则一于哀,而文不足耳。①

值得注意的是,孔子只是坚持在奢易成风的现实背景下"宁俭"、"宁戚",而没有说不要文。如果依据朱熹"根叶"之喻,对于一棵树来说,毕竟枝繁叶茂、果实累累要比光秃秃来得更为美观、更有生气。突出质的重要地位,分析文质的消长不是为了弃文,只是强调习文之时不可泯灭了质。因为,孔子所要的是"文质彬彬",②而"兼文质而言"的礼则是立身的关键。③

(接上页注④)书章句集注》卷一,前揭,页51;卷六,前揭,页131),朱子在与门人讨论《论语·学而》"有子曰其为人也孝悌"章时也说:"知得事亲不可不孝,事长不可不弟,是为义之本;知事亲事长之节文,为礼之本;知事亲事长,为智之本。"(《朱子语类》第二册卷第二十,前揭,页461)不管是"天理之节文"还是"节文为礼之本",都是就礼与仁义智比较而言。

① 《四书章句集注》,前揭,页62。与门人讨论时,朱子更为重视对文胜质的过程描述,并提出了一个"花心"之喻。门人吕焘录曰:"问:'"林放问礼之本"一章,某看来,奢、易是务饰于外,俭、戚是由中。'曰:'也如此说不得。天下事,那一件不由心做。但俭、戚底发未尽在,奢、易底发过去了,然都由心发。譬之于花,只是一个花心,却有开而未全开底,有开而将离披底。那俭、戚底便犹花之未全开,奢、易底便犹花之离披者。且如人之居丧,其初岂无些哀心,外面装点得来过当,便埋没了那哀心。人之行礼,其初岂无些恭敬之心,亦缘他装点得来过当,便埋没了那恭敬之心。而今人初以书相与,莫不有恭敬之心。后来行得礼数重复,使人厌烦,那恭敬之心便埋没了。'或问:'"易"字,《集注》引《孟子》"易其田畴"之"易",是习熟而平易之意否?'曰:'易,只是习得来熟,似欢喜去做,做得来手轻足快,都无恻怛不忍底意思。'因举《檀弓》'丧事欲其纵纵尔'与《曲礼》'丧事先远日',皆是存恻怛不忘之意也。"关于文胜质的过程描述,此外还有陈淳和黄义刚所录的两条,参见《朱子语类》第二册卷第二十五,前揭,页609—610。
② 《论语·雍也》。
③ 《论语·泰伯》曰:"兴于诗、立于礼、成于乐。"可见,礼是立身成人的关(转下页)

第四章 子夏之学与仁

按照孔子"兴于诗、立于礼、成于乐"的立身成德次序,①"兴于诗"是"立于礼"的前提。那么,诗所能发起的是什么呢?《集注》曰:

> 诗本性情,有邪有正,其为言既易知,而吟咏之间,抑扬反复,其感人又易入。故学者之初,所以兴起其好善恶恶之心,而不能自已者,必于此而得之。②

《或问》曰:

> 诗本于人之情性,有美刺讽谕之旨,其言近而易晓,而从容泳叹之间,所以渐渍感动于人者,又为易入,故学之所得,必先于此,而有以发起其仁义之良心也。③

不管是"兴起其好善恶恶之心",还是"发起其仁义之良心",都是"兴此心"。④

同样值得注意的是,朱熹对"兴于诗"之"兴"的解释与汉魏的包咸、何晏相同,都释为"起",⑤但朱熹认为这个"起"也就是"起予者商也"之"起"。"起,犹发也,"⑥他反对将"起"理解为"发明"。《或问》曰:

(接上页注③)键环节。朱子对"立于礼"的解释是:"礼以恭敬辞逊为本,而有节文度数之详,可以固人肌肤之会,筋骸之束。故学者之中,所以能卓然自立,而不为事物之所摇夺者,必于此而得之。"(《四书章句集注》,前揭,页 105)

① 朱子将《论语·泰伯》这三者之序解释为"非小学传授之次,乃大学终身所得之难易、先后、浅深也。"(《四书章句集注》,前揭,页 105)
② 《四书章句集注》,前揭,页 104—105。
③ 《四书或问》,前揭,页 258。
④ 同上,前揭,页 932。
⑤ 参见《四书章句集注》《论语集注》卷四,前揭,页 104;《论语注疏》,前揭,页 104。
⑥ 《四书章句集注》,前揭,页 63。

起予之说,程子、尹氏语简而意未明,然恐其亦若杨、周之说,以子夏为能发明夫子所言之意也,然则皆有所未安者。惟谢说近之,然其所以为说,亦有过高之弊。夫子本意,但谓子夏之言,足以有感发我之心耳。①

"足以有感发我之心"与"兴此心"完全一致,也就是"感发志意"。②固疑,朱熹在此有神化孔子的嫌疑,但同样不可否认,以"子夏之言足以感发我心"释"起我者商"也表明,在朱熹看来,不仅通过对诗的吟咏可以感发志意,同样通过对诗的讨论也可以感发我心,而且子夏"礼后乎"之学也是通过这种讨论获得的。

如果说小学教育的功能是"养得小儿子诚敬善端发见",③那么大学教育的功能就是立身成德,而作为立身成德首选课程的诗则能发起"仁义之良心"。也许这就是,面对子夏论诗所知为何学的问题,朱熹不满足于"忠信为礼之本"的结论,进一步释"起予者商"为"感发我心"的真实意义。

三、仁在其中

子夏不仅在学上知本,而且强调为学必须务本。但毕竟年轻,④话说得有些偏狭,几有废学之嫌;⑤"贤贤易色;事父母,能竭

---

① 《四书或问》,前揭,页160。与包咸将"起"释为"发明"、杨时释为"教学相长"不同,谢良佐认为"若以子夏礼后之问,谓圣人之知所未及,足以起予,则非也"(《朱子全书》第七册《论语精义》卷第二上,页109)。
② 参见《四书章句集注》,前揭,页63,页178。
③ 《朱子语类》第一册卷七《小学》,前揭,页124。
④ 据《史记·仲尼弟子列传》,子夏少孔子四十四岁。
⑤ 门人程端蒙录曰:"子夏'虽曰未学,吾必谓之学',便有废学之弊。"(《朱子语类》第二册卷第十九《论孟纲领》,前揭,页435)

其力;事君,能致其身;与朋友交,言而有信。虽曰未学,吾必谓之学矣。"①但以文学著称的子夏决不至于废学,在为仁与为学之间,为学虽处于末的地位,并非为学就不重要,《论语·子张》载:

> 子夏曰:"博学而笃志,切问而近思,仁在其中矣。"②(《子张》)

不难发现,子夏强调为学的重要与强调为学必须务本的方式非常相似,可能是考虑到孔子"己欲立而立人,己欲达而达人"、"克己复礼为仁"等从行的意义上言仁的相关说法,③他才没说"虽曰未仁,吾必谓之仁矣",而只说了个"仁在其中矣"。不过,子夏说"博学而笃志,切问而近思"这一句话是有缘由的,孔子曾诲之以"女为君子儒,无为小人儒",④这句话也许是子夏给老师迟交的作业。这份答卷做得怎样呢?先得看君子儒和小人儒的含义,如果结合《论语·宪问》的"古之学者为己,今之学者为人"⑤来理解,那么君

---

① 《论语·学而》。当然子夏的这种偏狭是与孔子比较而言。孔子曾经教育学生:"入则孝,出则弟,谨而信,泛爱众,而亲仁。行有馀力,则以学文。"(《论语·学而》)朱子评曰:"圣人之言,由本及末,先后有序。其言平正,无险绝之意。子夏则其言倾侧而不平正,险绝而不和易,狭隘而不广大,故未免有弊。然子夏之意欲人务本,不可谓之不是。"(《朱子语类》第二册卷第二十一,前揭,页502)
② 与孔子针对子路"何必读书,然后为学"(《论语·先进》)诲之以"好仁不好学,其蔽也愚"(《论语·阳货》)不同,子夏不是从无末的危害来强调末的重要,而是从末中有本来突显末的地位。
③ 分别见于《论语·雍也》和《论语·颜渊》。与此相关的还有"出门如见大宾;使民如承大祭;己所不欲,勿施于人;在邦无怨,在家无怨"、"樊迟问仁。子曰:爱人"(《颜渊》)、"樊迟问仁,子曰:'居处恭,执事敬,与人忠;虽之夷狄,不可弃也'"(《子路》)、"仁者先难而后获,可谓仁矣"(《雍也》)等。
④ 《论语·雍也》。宋儒洪兴祖认为"子夏切问近思,必后于小人儒也"(《论语说》,《四书或问》引,前揭,页221)。
⑤ 朱熹特别推崇"为己之学",《四书章句集注》按曰:"圣贤论学者用心得失之际,其说多矣,然未有如此言之切而要者。于此明辨而日省之,则庶乎其不昧 (转下页)

子儒就是为己之学,小人儒就是为人之学。① 这样,子夏提出的博学、笃志、切问、近思四者也可算是在为己之学上下功夫,如果从为学的角度而言,这一答案还算中规中矩。问题在于子夏深知圣门之学是求仁之学,所以,他必须在学与仁之间建立起某种内在的联系,于是他就来了个"仁在其中"。《论语》所言之仁既要从学上求,又须从行上得。孔子非常重视学,强调"好仁不好学,其弊也愚",②同时又通过随时随地的"指点"③,引导弟子在具体的践履行事上为仁。④ 到底是从学的意义还是从行的意义上来理解这个"博学而笃志,切问而近思"中的仁呢? 由于博学、笃志、切问、近思四者都是学问之事,子夏似乎是就学的意义而言,如果是这样,也许他说"博学而笃志,切问而近思,可谓为学之要也已"可能更为贴切,但他偏说个"仁在其中矣"。那么,这个"仁在其中"是画蛇添足,还是另有深意呢?

孔安国以"识"释"志";何休认为:"切问者,切问于己所学未

（接上页注⑤）于所从矣。"(《四书章句集注》,前揭,页155)所以,朱子对"博学笃志"章特别重视,不管是《四书或问》、《四书章句集注》,还是与门人的讨论都下了很大的功夫。

① 在对君子儒和小人儒的理解上,宋儒与汉儒基本一致:孔安国解曰:"君子为儒,将以明道。小人为儒,则矜其名。"(《十三经注疏·论语注疏》,前揭,页76)伊川解曰:"君子儒为己,小人儒为人。"(《二程集》下《河南程氏经说卷第六,前揭,页1142)

② 分别见于《论语》《述而》、《为政》、《阳货》、《公冶长》篇。

③ 冯达文老师《"事"的本体论意义》指出:"没有任何一个提法可以涵盖其他提法从而获得'仁'的基本规定的意义的。人们亦称孔子是随时随处指点为仁。此随时随处指点为仁者,亦即于每一具体之行事上见仁。"[冯达文,〈"事"的本体论意义〉,《中国哲学史》,2001(1)]

④ 朱熹批评陈淳钟情于"与点说"时曰:"《论语》一部自'学而时习之'至'尧曰',都是做工夫处。"(《朱子语类》第七册卷一百一十七,页2820)朱子训门人叔器时说:"而今一部《论语》,说得恁地分明,自不用思量,只要着实去用工。"(《朱子语类》第七册卷第一百二十,页2885)徐复观先生也指出:"《论语》上说仁,多从实际践履上立论,亦即多从功夫上立论。"(《释〈论语〉的"仁"——孔学新论》,《中国思想史论集续编》,上海:上海书店出版社,2004,页234)

悟之事,近思者,思己所未能及之事,泛问所未学,远思所未达,则于所习者不精,所思者不解";何晏把该章主旨概括为"好学近于仁",以"近于仁"释"仁在其中";①皇侃则曰"能如上事,虽未是仁,而方可能为仁,故云仁在其中矣",②以"可能为仁"释"仁在其中"。不管是"近于仁"还是"可能为仁",都在博学、笃志、切问、近思四者与仁之间设定了距离,应该说,这种理解是慎重的、稳妥的。

明道常训弟子"读书要玩味",③自己更是身体力行:"'博学而笃志,切问而近思',何以言'仁在其中矣'?学者要思得之。"明道对子夏这句话的意义非常重视,给与其"了此便是彻上彻下之道"的地位,④他自己提出两个"了"的要点:一是"学要在敬也诚也";⑤二是"学要鞭辟近里著己而已",⑥并引《论语·卫灵公》孔子答子张问为依据。⑦ 实际上都是强调为学必须向内求仁。

明道重视内求,伊川则内外兼修。一方面提出近思者向内"以类而推"⑧,另一方面又强调"学不博则不能守约,志不笃则不能力行"。⑨ 这是从内外两个方面来理解"仁在其中"。

朱熹综合二程的思想,从体、用两个方面的统一来说明"仁在其中"。

为此,《或问》专设了两个问题:

---

① 《论语注疏》,前揭,页256。
② 皇侃:《论语集解义疏卷十·论语子张第十九》,文渊阁四库全书版。
③ 《二程集》上,前揭,页140。
④ 同上。
⑤ 同上,页141。
⑥ 同上,页132。
⑦ 《论语·卫灵公》载:"子张问'行'。子曰:'言忠信,行笃敬,虽蛮貊之邦行矣;言不忠信,行不笃敬,虽州里行乎哉?立,则见其参于前也;在舆,则见其倚于衡也;夫然后行!'子张书诸绅。"孔子是针对子张平常就喜欢问"干禄"和"达"等外求之类的问题而做的回答,有意识地引导子张返归自身。
⑧ 《二程集》上,前揭,页283。
⑨ 《朱子全书》第七册,前揭,页614。《二程外书》卷六此条录为明道,见《二程集》上,前揭,页389。

或问：六章之说，以为心不外驰，而事皆有益者，何也？曰：程伯子之言，心不外驰之谓也；叔子之言，事皆有益之谓也。心不外驰，则仁之体无不存；事皆有益，则仁之用无不得矣。

曰：两程子所谓近思，其义亦若有不同者，奈何？曰：是亦如其前说之殊也。伯子之意，盖曰思之以不远乎己耳；叔子所谓类推者，则以思之有序为近也。伯子之言，固亦得其本者，然不参以类推之说，则将有捐事弃物，专以反思默造为功，而不自知其陷于异端者，是则二子之说，虽殊要之不可以偏废也。①

明道因为"敬诚"和"鞭辟"而"心不外驰"、"思之不远乎己"；伊川则以"守约"和"力行"而"事皆有益"、"思之有序为近"。"心不外驰"，所守持的是"仁之体"；"事皆有益"，所体现的是"仁之用"。

一方面，"仁在其中"之"仁"指的是"仁之体"，它能够通过博学笃志、切问近思而内求。②《集注》曰：

---

① 《四书或问》，前揭，页398。
② 《四书或问》认为博学、笃志、切问、近思四者皆为讲学之事，"初未有求仁之意"，"杨氏为仁由己，尹氏成吾之仁，似皆以为吾之所以讲学者，为已有意于求仁，非此章之旨也。"（参见《四书或问》，前揭，页398－399）似与朱子的其他说法不一致。首先，《四书章句集注》就没有采用这一说法，而是说"未及乎力行而为仁"。其次，与门人讨论时多次在为学的意义上言"求仁"，如吕焘录曰："问求仁。曰：'看来"仁"字只是个浑沦底道理。如《大学》致知、格物，所以求仁也；《中庸》博学、审问、慎思、明辨、力行，亦所以求仁也。'"李方子和董拱寿同录曰："学者须是求仁。所谓求仁者，不放此心。圣人亦只教人求仁。盖仁义礼智四者，仁足以包之。"门人黄榦也言"求仁"，林夔孙录曰："孔门以求仁为先，学者须是先理会得一个'心'字。上古圣贤，自尧舜以来，便是说'人心道心'。"《集注》所谓'心之德，爱之理'，须理会得是甚底物，学问方始有安顿处。"（《朱子语类》第一册卷第六《仁义礼智等名义》，前揭，页113；第二册卷第二十《学而篇上》，前揭，页462）根据《朱子语录姓氏》，吕焘闻于宋宁宗庆元五年己未（1199），董拱寿、李方子闻于宋光宗绍熙五年甲寅（1194），林夔孙闻于宋宁宗庆元三年丁巳（1197）。由此表明，以上（转下页）

> 四者皆学问思辨之事耳,未及乎力行而为仁也。从事于此,则心不外驰,而所存自熟,故曰仁在其中矣。①

这也算是了了明道之难,门人录曰:

> 问:"明道谓:'学者须当思而得之,了此便是彻上彻下底道理。'莫便是先生所谓'从事于此,则心不外驰,而所存自熟'之意?"曰:"然。于是四者中见得个仁底道理,便是彻上彻下道理也。"②
>
> 元昭问:"'博学而笃志,切问而近思',何以言'仁在其中'?"曰:"只是为学工夫,反求之己。必如'克己复礼',乃正言为仁。《论语》言'在其中',只是言其可至耳,明道云:'学

(接上页注②)所记录的都是朱子晚年的言论。第三,朱子非常重视《论语》首篇首章的"学而",它认为为学是成德的主要前提,学问之道就在于求放心,这与李方子、董拱寿所录"所谓求仁者,不放此心"相一致。《四书章句集注》曰:"德之所以成,亦曰学之正、习之熟、说之深,而不已焉耳。"(《论语集注》卷一,前揭,页 47)门人吴雉录曰:"刘问'学而时习之'。曰:'今且理会个"学",是学个甚底,然后理会"习"字、"时"字。盖人只有个心,天下之理皆聚于此,此是主张自家一身者。若心不在,那里得理来! 惟学之久,则心与理一,而周流泛应,无不曲当矣。且说为学有多少事,孟子只说"学问之道,求其放心而已矣"。盖为学之事虽多有头项,而为学之道,则只在求放心而已。心若不在,更有甚事!'"(《朱子语类》第二册卷第二十《学而篇上》,前揭,页 446—447)综上所述,可以得出结论,朱子后来放弃了《四书或问》"初未有求仁之意"的说法。其实,"初未有求仁之意"指的就是《四书章句集注》的"未及乎力行而为仁"。所以,"求仁"具有两层含义:一是为学意义上的求仁,求的是"爱之理",二是力行意义上的求仁,求的是"心之德"。门人王过录曰:"先生尝曰:'"仁者心之德,爱之理。"《论》《孟》中有专就"心之德"上说者,如"克己复礼","承祭、见宾",与答樊迟"居处恭","仁人心也"之类。有就"爱之理"上说者,如"孝弟为仁之本",与"爱人","恻隐之心"之类。'"(《朱子语类》第二册卷第二十《学而篇上》,前揭,页 471)门人董铢录曰:"凡'学'字便兼'行'字意思。如讲明义理,学也;效人做事,亦学也。孔子步亦步,趋亦趋,是效其所为。才效其所为,便有行意。"(《朱子语类》第二册卷第二十四《为政篇下》,前揭,页 585)

① 《四书章句集注》,前揭,页 189。
② 《朱子语类》第四册卷第四十九,前揭,页 1202。

要鞭辟近里。'"可学。

　　杨至之问"博学笃志"章。曰:"明道常说:'学只要鞭辟近里著己而已。'若能如此,便是心在,已有七八分仁了。"南升。①

因此,所谓"仁在其中",也就是说"仁之体"、"仁底道理"能够通过"反求之己"的为学功夫而"识认"、"存养"。②

　　另一方面,"仁在其中"之"仁"指的是"仁之用"。不过,这个"仁之用"首先是通过总结《论语》各种"在其中"的相同用法来说明的。《论语》"在其中"的说法除《子张》篇的"仁在其中"外,还有《为政》篇的"禄在其中"、《述而》篇的"乐在其中"、《子路》篇的"直在其中"、《卫灵公》篇的"馁在其中"。

　　《或问》解释"禄在其中"曰:

　　　　然圣人之意,则以为君子亦修其在我者而已,其得与不得,非所计也,故曰禄在其中。如曰仁在其中,乐在其中,直在其中,馁在其中,皆本为此而反得彼之辞也,岂真教之以是而求禄哉?③

《集注》则将"本为此而反得彼"换成"不求而自至"的说法:

　　　　闻见者学之博,阙疑殆者择之精,慎言行者守之约。凡言在其中者,皆不求而自至之辞。言此以救子张之失而进之也。④

―――――――――

① 《朱子语类》第四册卷第四十九,前揭,页1201。
② 门人录曰:"学者须是此心常存,方能审度事理,而行其所当行也,此孔门之学所以必以求仁为先。盖此是万理之原,万事之本,且要先识认得,先存养得,方有下手立脚处耳。"(《朱子语类》第一册卷第六《仁义礼智等名义》,前揭,页114)
③ 《四书或问》,前揭,页150。
④ 《四书章句集注》,前揭,页58。此外,门人周明作录为"不求而自至",郑南升录为"不求(或作'期')而自至"(《朱子语类》第二册卷第二十四《为政下》,前揭,页590、591)。

门人黄义刚记录为"求此而得彼":

> "子张学干禄"。禄固人之所欲,但要去干,却不得。子张恁地时,已不是正底心了。夫子却掉开答他,不教他如何地干,也不教他莫干,但言"禄在其中"。凡言在其中者,皆是求此而得彼之义。如"耕也,馁在其中"之类,皆是君子求其在己而已。然而德行既修,名声既显,则人自然来求,禄不待干而自得。①

在讨论《子张》篇"仁在其中"时,门人杨骧则记录为"凡言在其中,皆是反说":

> 问:"如何'切问近思',则仁便在其中?"曰:"这有四事:博学,笃志,切问,近思。四者俱至;本止是讲学,未是如'克己复礼',然求仁而仁已在其中。凡《论语》言'在其中',皆是反说。如'耕也',则'馁在其中';耕非能馁也,然有旱干水溢,则馁在其中。'学也,禄在其中';学非干禄也,然学则禄在其中。'父为子隐,子为父隐',本非直也,而直已在其中。若此类,皆是反说。"②

《或问》、《集注》、《语类》对"在其中"的解释虽有不同表述,但意思相差无几,皆为"求此而得彼"之意:谨言慎行的目的本非干禄,但如德行既修,禄则不干而自得;耕种土地的目的本非馁饥,但若遭遇天灾,馁则不请而自至;读书求学的目的本非求禄,但如学有所成,禄则不求而自有;父子相为隐的目的本非为直,倘若爱亲心胜,直则不为而自是;同样,为学四事的目的本非为仁,如能心不

---
① 《朱子语类》第二册卷第二十四《为政下》,前揭,页591。
② 《朱子语类》第四册卷第四十九《子张篇》,前揭,页1202。此外,吕焘录为"皆是与那事相背"(《朱子语类》第二册卷第二十四《为政下》,前揭,页592)。

外驰、所存自熟,仁则不求而自发。①

但是,"在其中"的特殊文法只是以巧妙的类比来说明仁的外在功用,并不能提供这种外在功用的内在依据。也就是说,既然《论语》"'在其中'皆为求此而得彼、皆是反说"几已成为一公式,如果以内求之学为此,外用之仁为彼,那就可以说"彼外用之仁在此内求之学中",简称为"仁在其中";至于仁之外用与学之内求之间的内在联系,则没能言明。

不过这一联系在《论语》中还是有迹可寻的。孔子虽然强调"古之学者为己,今之学者为人",但并没有说为己不可以及人,相反,他提出了"己欲立而立人,己欲达而达人"、"己所不欲勿施于人"的恕道原则。这表明,仁有推己及人的内在要求。伊川后来提出"古之学者为己而成物,今之学者为人而丧己",②尹焞提出"学者本于为己,修己既至,然后可以推而及人也",③这都是对《论语》推己及人思想的继承与发展。有意思的是,伊川还用这种推己及人的思想来解释《论语·学而》首章的"有朋自远方来,不亦乐乎":"以善及人,而信从者众,可乐也。"④朱熹在《或问》以及与门人的讨论中对此作了大量的发挥,认为"君子存心广大,己有所得,足以及人。"⑤那么,这种推己及人的要求有没有更为深层的内

---

① 《四书或问》为《学而》篇"有子曰其为人也孝悌"章设的第一问为"仁何以为爱之理也"?《四书或问》曰:"人禀五行之秀以生,故其为心也,未发则具仁义礼智信之性,以为之体,已发则有恻隐羞恶恭敬是非诚实之情,以为之用。"(《四书或问》,前揭,页108)
② 《二程集》下,《粹言·论学》,前揭,页1197。
③ 《朱子全书》第七册《论语精义》卷第七下,前揭,页497。朱子认为"尹氏所谓为己可以及人者,亦善"(《四书或问》,前揭,页330)。
④ 《二程集》下《河南程氏经说》卷第六,前揭,页1133。
⑤ 《四书或问》曰:"理义人心之所同然,非有我之得私也。向也吾独得之,虽足以为说矣。然以之告人而人莫之信,以之率人而人莫之从,则是独擅乎此理,而举世怅怅不得于其心之所同也。是犹十人同食,一人既饱,而九人不下咽,则吾之所说虽深,亦曷为而能达于外耶? 今吾之学所以得于己者既足以及人,人之信 (转下页)

在根据呢?

朱熹在解释《论语·学而》"孝弟也者,其为仁之本与"时提出:"仁者,爱之理,心之德也。"① 与门人讨论时对此作了解释:"《集注》说:'爱之理,心之德。'爱是恻隐,恻隐是情,其理则谓之仁。心之德,德又只是爱。谓之心之德,却是爱之本柄。人之所以为人,其理则天地之理,其气则天地之气。理无迹,不可见,故于气观之。要识仁之意思,是一个浑然温和之气,其气则天地阳春之气,其理则天地生物之心。"② 正是仁的生意决定其自身要发而为爱。③

至此,就可以得出结论,所谓"仁在其中",是说"仁之用"是由生意盎然的"仁之体"发为外用的内在要求所决定的。

但是,关于"在其中"的话题仍需要继续。

仔细分析德与禄、耕与馁、隐与直、学与禄、学与仁之间这种"在其中"的关系模式,不难发现,前者只是后者的必要条件,而不是充分条件。也就是说,有前者,有可能有后者,也可能没有后者,但更多的可能是部分地得到后者,具体所得的程度则由相关的多种影响因子所决定。因此,朱熹在与门人讨论时特别提醒"《论语》言'在其中',只是言其可至耳"。④ 所以,对众多的为学者

(接上页注⑤)而从者又如此其众也,则将皆有以得其心之所同然者,而吾之所得不独为一已之私矣。夫我之善有以及于彼,彼之心有以得乎我,吾之所知者,彼亦从而知之也,吾之所能者,彼亦从而能之也,则其欢忻交通,宣扬发畅,虽宫商相宣,律吕谐和,亦不足以方其乐矣,是学之中也。"(《四书或问》,前揭,页104)门人曾祖道录曰:"乐其信从者众也。大抵私小底人或有所见,则不肯告人,持以自多。君子存心广大,己有所得,足以及人。若己能之,以教诸人,而人不能,是多少可闷!今既信从者自远而至,其众如是,安得不乐。"(《朱子语类》第二册卷第二十,前揭,页451)

① 《四书章句集注》,前揭,页48。
② 《朱子语类》第一册卷第六《仁义礼智等名义》,前揭,页111。
③ 参见朱子《仁说》,《朱子全书》第二十三册《文集》卷六十七,前揭,页3279—3281。
④ 《朱子语类》第四册卷第四十九,前揭,页1201。

来说,"仁在其中"所蕴含的期望,就功用的意义而言,存在着三种可能性:成仁者、不成仁者、求仁者。其中何种可能将转化为现实,则要由为学与为仁的具体功夫以及天命所决定。虽然,这既符合孔子训颜回之"为仁由己,而由人乎哉"①所体现的以敬为主旨的为仁之要,②又不悖于孔子和子夏安于天命的思想,③但毕竟只是仅仅从为学的角度来求仁,而不是从力行这一求仁的主渠道来为仁,充其量所能得到的只是"爱之理",而失去的有可能是"心之德",但在朱熹看来,仁必须是"爱之理"和"心之德"的统一。

孔子虽然说了"有德者,必有言;有言者,不必有德",④却并没说"仁者,必有学;学者,不必有仁"。不过,当子夏说"博学而笃志,切问而近思,仁在其中矣"时,这一话语空间就得以填补。它表明,对于一般的为学者来说,无论在为学,还是在为仁方面都可能存在这样或那样的问题,必须从这两方面双管齐下。有意思的是,在朱熹看来,提出"仁在其中"的子夏正好就是一个典型。

---

① 《论语·颜渊》。
② 门人董铢录曰:"把个'敬'字抵敌,常常存筃敬在这里,则人欲自然来不得。夫子曰:'为仁由己,而由人乎哉!'紧要处正在这里!"(《朱子语类》第一册卷第十二《持守》,页207)朱子训门人或与门人讨论时,一般是在力行的意义上使用"为仁由己",但有时也在为学的意义上使用。门人录曰:"枅尝问先生:'自谓矫揉之力虽劳,而气禀之偏自若;警觉之念虽至,而惰怠之习未除。异端之教虽非所愿学,而芒忽之差未能辨;善、利之间虽知所决择,而正行、恶声之念,或潜行而不自觉。先觉之微言奥论,读之虽间有契,而不能浃洽于心意之间'云云。曰:'所论皆切问近思。人之为学,惟患不自知其所不足,今既知之,则亦即此而加勉焉耳。为仁由己,岂他人所能与? 惟读书穷理之功不可不讲也。'"(《朱子语类》第七册卷一百一十九《训门人七》,前揭,页2880—2881)
③ 《论语·述而》载:"子曰:'天生德于予,桓魋(túi)其如予何?'"《论语·宪问》载:"公伯寮愬子路于季孙,子服景伯以告,曰:'夫子固有惑志于公伯寮,吾力犹能肆诸市朝。'子曰:'道之将行也与? 命也;道之将废也与? 命也;公伯寮其如命何!'"《论语·颜渊》载:"司马牛忧曰:'人皆有兄弟,我独亡!'子夏曰:'商闻之矣:"死生有命,富贵在天。"君子敬而无失,与人恭而有礼;四海之内,皆兄弟也。君子何患乎无兄弟也?'"
④ 《论语·宪问》。

第四章 子夏之学与仁

在学上,子夏教人有方,先传后倦,本末有序,洒扫应对进退,下学功夫深厚;论诗机敏而有悟性,能够抓住实质内涵,可谓知本;学风严谨笃实,博学笃志切问近思,熟谙彻上彻下之道。正因为如此,朱熹对子夏的评价很高:"子夏学煞高",①"子贡俊敏,子夏谨严,孔子门人自曾颜而下,惟二子,后来想大故长进"。② 朱熹认为他与子贡是孔门弟子中"得知之深"的突出代表。③

但即便如此,朱熹认为子夏在学上还是存在问题。

子夏强调博学,朱熹竟批评他"促狭","规模近小"。④ "促狭"也就是狭隘、狭小的意思,不仅表现在对人上,也表现在义理上。朱熹释"博学"为"都要理会过"、"是个大规模",⑤基于此,子夏一句"大德不踰闲,小德出入可也"⑥就被他用来做开了文章。《集注》据明道释"大德"、"小德"为"大节"、"小节",并引宋儒吴棫予以警示:"此章之言,不能无弊。学者详之。"⑦

那么,子夏这句话的弊端在哪里呢?门人黄㽦录曰:

> 大抵子夏之说自有病,只是他力量有行不及处。然既是有力不及处,不免有些小事放过者,已是不是,岂可谓之"可也"!却是垂训于人,教人如此则甚不可耳。⑧

博学是"都要理会过",放过小节就可能促狭,本已不可取,以不可

---

① 《朱子语类》第四册卷第四十九《子张篇》,前揭,页1201。
② 《朱子语类》第六册卷第九十三《孔孟周程张子》,前揭,页2354。
③ 《朱子语类》第二册卷第二十六《里仁篇上》,前揭,页643。
④ 参见《朱子语类》第三册卷第三十二《雍也篇三》,前揭,页807;第三册卷第三十九《先进篇上》,前揭,页1015-1016;第六册卷第九十三《孔孟周程张子》,页2355;《四书或问》,前揭,页313。
⑤ 《朱子语类》第四册卷第四十九《子张篇》,页1204。
⑥ 《论语·子张》。
⑦ 《四书章句集注》《论语四书章句集注》卷十,前揭,页190。
⑧ 《朱子语类》第四册卷第四十九《子张篇》,前揭,页1206。

为可,就更不可了,子夏却以这更不可取的垂训于人!无怪乎孔子评价其为"不及"了。①

那么子夏所不及的是谁呢?当然只能是颜回和曾子。颜回虽然"不幸短命死矣",②但其"博文约礼"和"其心三月不违仁"的功夫以及"不改其乐"的境界是子夏所无法望其项背的。如此,也就只能与曾子比了。朱熹认为孔门"自曾子以下,笃实无若子夏",③但这实际是说,子夏在笃实方面不如曾子。不仅如此,虽然子夏在孔门弟子中"得知之深",但在朱熹看来,就是在知这一方面,子夏也是不如曾子的。

曾子说:"士不可以不弘毅,任重而道远。"④朱熹释"弘"为"宽广",⑤并在与门人的讨论中作了大量的发挥。如门人黄㽦录曰:

> "弘"虽是宽广,却被人只把做度量宽容看了,便不得。且如"执德不弘"⑥之"弘",便见此"弘"字,谓为人有许多道理。……集众善之谓弘。⑦

显然,比之曾子之"弘",子夏之"狭"就只能甘拜下风了。

在仁上,朱熹对子夏更是贬多褒少,突出地表现在对子夏之孝的评价上。

《论语·为政》曰:

---

① 《论语·先进》载:子贡问:"师与商也孰贤?"子曰:"师也过,商也不及。"曰:"然则师愈与?"子曰:"过犹不及。"
② 《论语》《雍也》篇和《先进》篇都有记载。
③ 《四书章句集注》《论语集注》卷十,前揭,页188。
④ 《论语·泰伯》。
⑤ 《四书章句集注》《论语集注》卷四,前揭,页104。
⑥ 《论语·子张》。
⑦ 《朱子语类》第三册卷第三十五《泰伯篇》,前揭,页925—926。

第四章 子夏之学与仁

> 子夏问孝。子曰:"色难。有事,弟子服其劳;有酒食,先生馔,曾是以为孝乎?"

理解孔子这一答问的关键是在"色难"两字上,朱熹与汉儒的理解又有不同。包咸释"色难"为"承顺父母颜色为难",马融更以"承顺父母颜色"为孝。①《集注》则释"色难"为"事亲之际,惟色为难",②朱熹与门人讨论时对此作了进一步的解释。徐㝢录曰:

> 问:"'色难'。此是承顺父母之色,或是自己和颜顺色以致爱于亲为难?"曰:"人子胸中才有些不爱于亲之意,便有不顺气象,此所以为爱亲之色为难。"③

这是以"爱亲之色"为难。《集注》对这一"爱亲之色"作了具体描述:

> 盖孝子之有深爱者,必有和气;有和气者,必有愉色;有愉色者,必有婉容;故事亲之际,惟色为难耳,服劳奉养未足为孝也。④

朱熹的理解是有根据的。《礼记·祭义》云:

> 孝子之有深爱者,必有和气,有和气者,必有愉色,有愉色者,必有婉容。孝子如执玉,如奉盈,洞洞属属然如弗胜。如将失之,严威俨恪,非所以事亲也,成人之道也。

---

① 《论语注疏》,前揭,页18。
② 《四书章句集注》《论语集注》卷一,前揭,页56。
③ 《朱子语类》第二册卷第二十三《为政篇上》,前揭,页562。
④ 《四书章句集注》《论语集注》卷一,前揭,页56。

伊川认为孔子的回答是针对子夏之所失而言:"子游能养,而或失于敬;子夏能直义,而或少温润之色。各因其材之高下,与其所失而教之也。"①朱熹也非常赞成伊川这一说法,这在《集注》、《或问》和与门人的讨论中都有体现。② 意思就是说事亲的子夏缺少"和气"、"愉色"、"婉容"等"温润之色"。据《礼记·祭义》,这"温润之色"是深爱者的气象。所以,朱熹与门人讨论时也指出:"子夏则敬有余而爱不足",随之,敬也就打了折扣:"敬而不爱,非真敬也"。③

自然,"爱不足"之子夏与"得仁之深"④的曾子,就更是没得比了。曾子在临终前都还遗言:"君子所贵乎道者三:动容貌,斯远暴慢矣;正颜色,斯近信矣;出辞气,斯远鄙倍矣。笾豆之事,则有司存。"⑤朱熹认为容貌、颜色、辞气三者皆"修身之要、为政之本,学者所当操存省察,而不可有造次颠沛之违者也。"⑥二者相较,子夏在为仁上的功夫也就可见一斑了。

致力于"博学而笃志,切问而近思"的子夏,结果却在气象上呈现出"爱不足"、少"温润之色"的特点。据朱熹,爱是仁之发用,子夏求仁而爱不足,其后果是严重的。这种严重性就体现在,它表明,子夏所主张的"博学而笃志,切问而近思,仁在其中矣"的言仁路径可能存在问题!与颜回"博我以文,约我以礼"的套路相比,子夏不言为仁,单单以学言仁,也许这才是子夏之"促狭"的真正所在。

就儒门思想史而言,孔门弟子中,颜回是仁的形象代表,子贡

---

① 《朱子全书》第七册《论语精义》卷第一下,前揭,页73。
② 参见《四书或问》,前揭,页141-142;《朱子语类》第二册卷第二十三《为政篇上》,前揭,页563。
③ 《朱子语类》第二册卷第二十三《为政篇上》,前揭,页564。
④ 《朱子语类》第二册卷第二十六《里仁篇上》,前揭,页643。
⑤ 《论语·泰伯》。
⑥ 《四书章句集注》《论语集注》卷四,前揭,页104。

是知的代表,子路是勇的代表,子夏则是学的代表。《论语》描述了颜回、子路或子贡、子路的二人世界,《韩诗外传》则虚构了回、赐、由的三人行。① 不管是二人世界,还是三人行,都没有给子夏留出与回、赐、由同台演出的角色空间。只有到了宋代,朱熹才经常将子夏与回、赐进行比较,如前文已经提到的"子贡俊敏,子夏谨严,孔子门人自曾、颜而下,惟二子,后来想大故长进"。再如,门人升卿录曰:"仁、知虽一,然世间人品所得,自有不同:颜子、曾子,得仁之深者也;子夏、子贡,得知之深者也。"②这种以仁知为参照构建出来的颜曾赐商层级结构表明,一方面,仁知是统一的,仁可以通过知而体现,但知有辩、学等不同形式,所以子贡可以论学而知《诗》,子夏亦可论《诗》而知学,虽各具特点,但殊途同归;另一方面,通过知而体现仁,可能会有不同的层次,这要视求仁者的不同品质特点而定。《论语》虽然没有回、商的二人共处,但并不等于它不重视学,恰恰相反,不仅子夏重视学,孔子也非常重视学。所以,一方面,朱熹充分挖掘《论语》中重视学的资源,在学与仁之间努力建立起某种链接,如朱熹在与门人讨论《论语·学而》"巧言令色"章时就提出:"《论语》首章载时习,便列两章说仁次之,其意深矣!"③另一方面,又以一种特有的方式告诫那些志于传道大业的希圣希贤之士,这种链接并非绝对可靠。也许,这就是朱熹解读"仁在其中"的真实意图。

---

① 参见陈少明,《经典世界中的人、事、物·孔门三杰的思想史形象——颜渊、子贡和子路》,上海:上海三联书店,2008,页98。
② 《朱子语类》第六册卷第九十三《孔孟周程张子》,前揭,页2354;第二册卷第二十六《里仁篇上》,前揭,页643。
③ 《朱子语类》第二册卷第二十《学而篇上》,前揭,页480。

结语:道的传承与创新

一般而言,道只能传承,而不能创新[①]。比如,如果把道理解为辩证法所说的规律,规律就只能发现,不能创新。再如,如果把道理解为根于人之本心的仁义礼智等性理,也只有发明,不存在创新。

---

① 创新这一概念是1912年美籍奥地利经济学家熊彼特(Schumpeter Joseph Alois)在《经济发展理论》中首先提出的,他认为,"创新"就是建立一种新的生产函数,即在生产中实现一种新的生产要素和生产条件的组合。20世纪50年代,美籍奥地利管理学家德鲁克(Peter Drucker)则从管理学的角度将创新区分为技术创新和社会创新,其中社会创新是指在社会某领域中创造一种新的管理机构、管理方法,追求资源配置中更大的经济价值和社会价值。创新这一概念逐渐被运用于不同的领域,不同学科有不同的理解,但把创新理解为改变现存事物的存在状态则是一般都能接受的。所以,从普遍的意义上来说,创新的实质应是对现实的超越。中国古代经典中没有创新这一概念,但有"创见"、"创意",如《史记》一一七卷《司马相如传封禅文》:"休烈浃洽,符瑞众变,期应绍至,不特创见。"汉王充《论衡·超奇》:"及其立义创意,褒贬赏诛,不复因史记者,眇思自出于胸中也。"中国传统哲学则讲"生",《周易·系辞上》:"日新之为盛德,生生之谓易。"《周易·系辞下》:"天地之大德曰生。"

朱熹释《大学》"大学之道,在明明德,在亲民,在止于至善"曰:"程子曰:'亲,当作新。'大学者,大人之学也。明,明之也。明德者,人之所得乎天,而虚灵不昧,以具众理而应万事者也。但为气禀所拘,人欲所蔽,则有时而昏;然其本体之明,则有未尝息者。故学者当因其所发而遂明之,以复其初也。新者,革其旧之谓也,言既自明其明德,又当推以及人,使之亦有以去其旧染之污也。止者,必至于是而不迁之意。至善,则事理当然之极也。言明明德、新民,皆当至于至善之地而不迁。盖必其有以尽夫天理之极,而无一毫人欲之私也。此三者,大学之纲领也。"释"汤之《盘铭》'苟日新,日日新,又日新'"曰:"苟,诚也。汤以人之洗濯其心以去恶,如沐浴其身以去垢。故铭其盘,言诚能一日有以涤其旧染之污而自新,则当因其已新者,而日日新之,又日新之,不可略有间断也。"释"康诰'作新民'"曰:"鼓之舞之之谓作,言振起其自新之民也。"释"《诗》'周虽旧邦,其命惟新'"曰:"言周国虽旧,至于文王,能新其德以及于民,而始受天命也。"

在这里,所有的"新"都被朱熹当作发明来理解,也就是解除"气禀之拘,人欲之蔽"、"涤其旧染之污而自新"之意。这也就意味着,经典文本中凡是能找到"创新"根据的地方,都已被朱熹做了手脚,使我们无法得到现代人所需要的创新内涵。但是,如果我们就此得出结论,朱熹是一个反对创新的守旧之辈,就上了他的大当了。

其实,道在先秦有不同的理解,道家有道家的道,儒家有儒家的道,诸子百家各有各的道,孔子都说"道不同,不相为谋"(《论语·卫灵公》)。就是在儒家内部和《论语》之中,对道的理解也不相同,有理解为道路的,有引申为政治路线的,有理解为人生道理的,也有理解为方法途径的。有天道、地道和人道,还有王道和霸道。更为重要的是,不同的时代,道可以被赋予不同的内涵。朱熹以理释道,将其内容限定为不能创新只能发明的、天命的、根于人心的仁义礼智之性,我们似乎不能说这是他以自己的创新去剥夺他人的创新,更不能说他天生与创新有仇,也许这只是他传道的一种策略。

如果朱熹守旧,《大学章句集注》就不会接受程子改"亲民"为"新民",不会赞美"旧邦"之"维新",不会写出"大学格物之补传",不会做大量有理无理的文字训诂工作。正因为朱熹不守旧,《论语集注》能以理释道解仁,才使从不讲理的《论语》,到了《论语集注》讲理达166处,这还不包括很多没言"理"而实际讲理的地方。正因为朱熹的创新,《论语》颜回的形象就由一个好学的榜样,转而变成一个乐尧舜之道的典型;子夏洒扫应对才有了坚实的理由,子夏与夫子论诗受启发才能成为"仁义之心"的感发,"仁在其中"的命题才能获得新的内涵;子路也才会由一个勇敢的求仁者变成一个杀身都没能成仁的殉道者;子贡也才会由一个机智善辩、博识会问的好学生变成一个在言语上"浪广不切己"的问题人物。正因为朱熹的创新,才有关于乐与贤、学与仁的独特思维,才会在知与行之间做言和体、志与道之间做学和政的深度思考。

尤其值得注意的是朱熹对曾子言行的诠释。《论语》中,四科十哲中没有曾子的位置,在汉代,曾子主要以"孝"的思想而著名,如司马迁《史记·仲尼弟子列传》曰:"孔子以为能通孝道,故授之业。作《孝经》。"在朱熹确立的道统谱系中,曾子则成为非常关键的一环。也就是说,孔门弟子中只有曾子有传,①这就意味着曾子在德行、言语、政事、文学等方面与其它弟子相比,得有更为突出的特点。于是,曾子虽语拙而不善知言,却以"唯"之切言得孔子

---

① 《集注》曰:孔门"弟子盖三千焉,身通六艺者七十二人。弟子颜回最贤,蚤死,后惟曾参得传孔子之道"(《四书章句集注》《论语序说》,页42)。《或问》专设一问:"曰:邢疏以门人为颜渊之弟子,然乎? 曰:颜渊早死,未必开门授徒也。范氏以为夫子之门人也,近是。"(《四书或问》,前揭,页285)

结语：道的传承与创新

一贯之道;①虽只任过莒国"得粟三秉"的官职(《韩诗外传》卷一)，但凭可"托六尺之孤"和"寄百里之命"(《论语·泰伯》)而具"辅幼君、摄国政"②之才;虽"鲁"却诚笃,因此而得"君子所贵乎道"之三者:动容貌、正颜色、出辞气(《论语·泰伯》),此三者,在朱熹看来,可是"修身之要、为政之本,学者所当操存省察,而不可有造次颠沛之违者也"。③ 于是,在朱熹那里,总是颜曾并提,在讲到子贡知言之弊端、子路为政之缺失、子夏为学之促狭时,也总是和曾子做比较,以曾子为坐标。

通过对曾子言行的独特诠释,朱熹还描述了曾子的传道生活:"传不习乎"(《论语·学而》)是曾子每日三省之内容,汉唐学者以及二程都释"传"为"传于人",④朱熹则释为"受之于师",⑤并强调"忠信为传习之本",⑥由此确立了曾子作为道的传承者的地位。"唯"是曾子在与孔子对话中对其"一贯"之道的回应,并以"忠恕"二字传于其他门人(《论语·里仁》),但"一贯之义,自汉以来不得其解",⑦朱熹则以其特有的敏感,抓住这一话语空间,试图在"一贯"与"忠恕"之间建立起某种联系,确立曾子得孔子一贯之道的根据。"君子所贵乎道者三"则是曾子在病重临终之际还念念不忘的,朱熹通过对"动容貌、正颜色、出辞气"三者的反复推敲,凸现出曾子恭敬持存的修养工夫。⑧ "士不可以不弘毅,任重

---

① 参见《四书章句集注》《论语集注》,前揭,页72。
② 《四书章句集注》《论语集注》,前揭,页104。
③ 同上,页104。
④ 参见《论语集释》第一册卷一《学而上》,前揭,页19—21;《朱子全书》第七册《论语精义卷第一上》,前揭,页34。
⑤ 《四书章句集注》《论语集注》,前揭,页48。
⑥ 同上。并参见《朱子语类》第二册卷第二十一《学而篇中》,前揭,页489。
⑦ 《论语集释》第一册卷第八《里仁下》,前揭,页260。
⑧ 门人沈僴录曰:问:"先生旧解,以三者为'修身之验,为政之本,非其平日庄敬诚实存省之功积之有素,则不能也',专是做效验说。如此,则'动、正、出'三字,只是闲字。后来改本以'验'为'要','非其'以下,改为'学者所当操存省察,而 (转下页)

而道远"(《论语·泰伯》)是曾子对求仁者的忠告,朱熹通过对"弘"、"毅"、"重"、"远"的诠释,①展示出曾子将长远目标与艰难过程生动地合而为一的传道人生。于是,在朱熹那里,曾子就不仅是"孝"的代表,更是一个成功的传道者。实际上,曾子的传道者形象就是朱熹自身传道生活的一种折射。

由此看来,道在朱熹那里,就不是一个能不能创新的问题,而是一个如何创新的问题。

朱熹的创新似乎是围绕着道的传承,把一些表面不太相关的元素组合在一起,然后去解释它们之间的相关性。这些元素可以是人物,可以是对话场景,当然也可以是思想内容。既然这些元素表面看来没有太大的相关度,显然不是来源于演绎而是归纳,也就是来源于生活世界。所以,朱熹思想创新的秘密就在于,直接面向经典世界和现实世界的生活经验,切问近思,使自己的思想牢牢扎根于现实世界之中,使所关注的问题既是自己的又是普遍的。

那么,朱熹所关注的根本问题是什么呢? 前文已经指出,是如何通过正君心与皇帝"同治天下"②的问题,随之而来就是一个谁来正君心、谁与皇帝"同治天下"的问题,也就是"希圣希贤"的问题,用今天的话来说,就是一人才培养问题。为解决这一问题,

---

(接上页注⑧)不可有造次顷刻之违者也'。如此,则工夫却在'动、正、出'三字上,如上蔡之说,而不可以效验言矣。某疑'动、正、出'三字,不可以为做工夫字。'正'字尚可说。'动'字、'出'字,岂可以为工夫耶?"曰:"这三字虽不是做工夫底字,然便是做工夫处。正如着衣吃饭,其着其吃,虽不是做工夫,然便是做工夫处。此意所争,只是丝发之间,要人自识得。旧来解以为效验,语似有病,故改从今说。盖若专以为平日庄敬持养,方能如此,则不成未庄敬持养底人,便不要'远暴慢,近信,远鄙倍'! 便是旧说'效验'字太深,有病。"《朱子语类》第三册卷第三十五《泰伯篇》,前揭,页 920)

① 参见《四书章句集注》《论语集注》,页 104;《朱子语类》第三册卷第三十五《泰伯篇》,前揭,页 925—930。
② 《二程集》下《河南程氏经说》卷第二《尧典》,前揭,页 1035。

朱熹在知和行之间作了言与体、志和道之间作了学与政的深度思考。如果说因为知、言、体、行的新思维曾经给这个世界深深地烙上了"理"的印记，那么志、学、政、道的探索与实践则留下了太多需要深入开发的空间。因此，对于朱熹，我们的眼光不能总是停留于理学对人性的压抑，而应聚焦于那些有待深入挖掘的领域。

陈寅恪先生曾经指出："华夏民族之文华，历数千载之演进，造极于赵宋之世"，未来中国文化的发展必归于"宋代学术之复兴，或新宋学之建立。"①因此，本文的结语实际上已了无新意，只能以多次引用过的曾子之言权作结束：

"士不可以不弘毅，任重而道远。"（《论语·泰伯》）

---

① 陈寅恪：《邓广铭宋史职官志考证序》，《金明馆丛稿二编》，北京：生活·读书·新知三联书店，2001，页277。

主要参考文献

A

A. 麦金太尔著,龚群、戴扬毅等译. 德性之后. 北京:中国社会科学出版社,1995

艾尔曼著,赵刚译. 从理学到朴学:中华帝国晚期思想与社会变化面面观. 南京:江苏人民出版社,1995

B

班　固. 汉书. 北京:中华书局,1962

保罗·利科尔著,陶远华译. 解释学与人文科学. 石家庄:河北人民出版社,1987

鲍吾刚著,严蓓雯、韩雪临、吴德祖译. 中国人的幸福观. 南京:江苏人民出版社,2004

柏拉图著,刘小枫译. 柏拉图的《会饮》. 北京:华夏出版社,2003

C

陈代湘. 现代新儒学与朱子学. 长沙:湖南人民出版社,2003

陈逢源. 朱熹论孔门弟子——以《四书章句集注》征引为范围. 文与哲,

2006(8)

陈　来. 朱子书信编年考证. 上海：上海人民出版社，1989
陈　来. 朱子哲学研究. 上海：华东师范大学出版社，2000
陈　来. 宋明理学. 上海：华东师范大学出版社，2004
陈立胜. 身体：作为一种思维的范式. 东方论坛，2002，2：12—20
陈立胜. "视"、"见"、"知"——王阳明一体观中的体知因素之分析. 孔子研究，2006，4：92—102
陈立胜. 朱熹读书法：诠释与诠释之外. 李明辉主编. 儒家经典诠释方法. 台湾大学出版中心，2004
陈立胜. 王阳明"万物一体"论——从"身—体"的立场看. 上海华东师范大学出版社，2008
陈立胜. 身体之为"窍"：宋明儒学中的身体本体论建构. 世界哲学，2008，4：13—23
陈立胜. 《论语》中的勇：历史建构与现代启示. 中山大学学报（社会科学版）2008，4：112—123
陈荣捷. 朱子道统观之哲学性. 东西文化，1968(15)
陈荣捷. 朱熹集新儒学之大成. 哲学与文化，1981(8)
陈荣捷. 朱学论集. 台北：台湾学生书局，1982
陈荣捷. 朱子门人. 台北：台湾学生书局，1982
陈荣捷. 朱子新探索. 台北：学生书局，1988
陈荣捷. 朱熹. 台北：东大图书公司，1990
陈少明. 经典与解释. 广州：广东人民出版社，1999
陈少明. 经典世界中的人、事、物. 上海：上海三联书店，2008
陈少明主编. 体知与人文学. 北京：华夏出版社，2008
陈少明. 论乐：对儒道两家幸福观的反思. 哲学研究，2008(9)
陈寅恪. 金明馆丛稿二编. 北京：生活·读书·新知三联书店，2001
陈植锷. 北宋文化史述论. 北京：中国社会科学出版社，1992
成中英. 世纪之交的抉择：论中西哲学的会通与融合. 北京：知识出版社，1991
成中英. 本体与诠释. 北京：生活·读书·新知三联书店，2000
成中英. 本体诠释学. 北京：北京大学出版社，2002
成中英. 本体与诠释：中西比较. 上海：上海社会科学院出版社，2003
程树德撰，程俊英、蒋见元点校. 论语集释. 北京：中华书局，1990
程颢、程颐著，王孝鱼点校. 二程集. 北京：中华书局，2004（第二版）

D

大槻信良. 朱子四书集注典据考. 台北:学生书局,1976
岛田虔次著,蒋国保译. 朱子学与阳明学. 西安:陕西师范大学出版社,1986
邓广铭、漆侠. 两宋政治经济问题. 上海:知识出版社,1988
杜维明. 儒家"体知"传统的现代诠释. 十年机缘待儒学——东亚价值再评价,香港:牛津大学出版社,1999
杜维明著,钱文忠、盛勤译. 道学政——论儒家知识分子. 上海:上海人民出版社,2000

F

范寿康. 朱子及其哲学. 北京:中华书局,1983
方彦寿.. 朱熹书院与门人考. 上海:华东师范大学出版社,2000
冯达文. 宋明儒学略论. 广州:广东人民出版社,1997
冯达文. "事"的本体论意义. 中国哲学史,2001,2:37—41
冯达文. 从朱子阳明子两家之《大学》疏解看中国的解释学. 中日《四书》诠释传统初探. 上海:华东师范大学出版社,2008,页231—245
冯友兰. 中国哲学史新编. 北京:人民出版社,1986
冯友兰. 中国哲学史(上、下). 上海:华东师范大学出版社,2000
冯友兰. 新知言. 北京:生活·读书·新知三联书店,2007

G

高令印. 朱熹事迹考. 上海:上海人民出版社,1987
葛兆光. 中国思想史. 上海:复旦大学出版社,2001
顾颉刚. "圣"、"贤"观念和字义的演变. 中国哲学第一辑,1979,页80—96

H

韩婴撰,许维遹校释. 韩诗外传集释. 北京:中华书局,1980
何　俊. 南宋儒学建构. 上海:上海人民出版社,2004
赫伯特·芬格莱特著,彭国翔、张华译. 孔子:即凡而圣. 南京:江苏人民出版社,2002
赫大为、安乐哲著,蒋弋为、李志林译. 孔子哲学思微. 南京:江苏人民出版社,1996
郝大为、安乐哲著,何金俐译. 通过孔子而思. 北京:北京大学出版社,2005

侯外庐. 中国思想通史(第四卷下). 北京:人民出版社,1960
侯外庐、邱汉生、张岂之主编. 宋明理学史. 北京:人民出版社,1997
胡晓明、傅杰主编. 释中国(一、二). 上海:上海文艺出版社,1998
桓 宽. 盐铁论. 北京:中华书局,1992
黄 榦. 勉斋集. 北京:书目文献社,1988
黄俊杰. 从儒家经典诠释史观点论解经者的"历史性"及其相关问题. 台大历史学报,1999(24)
黄俊杰. 孟学思想史论. 卷二. 台北:中央研究院,2001
黄俊杰. 中国孟学诠释史论. 北京:社会科学文献出版社,2004
黄俊杰编. 中日《四书》诠释传统初探. 上海:华东师范大学出版社,2008
黄宗羲. 宋元学案. 上海:商务印书馆,1933

J

焦循撰,沈文倬点校. 孟子正义. 北京:中华书局,1987
金克木. 文化厄言. 上海:上海文艺出版社,1996
景海峰. 从"哲学"到"中国哲学". 江汉论坛,2003,7:29—33
景海峰. 中国哲学的现代诠释. 北京:人民出版社,2004

K

康有为. 论语注. 北京:中华书局,1984
孔令宏. 朱熹哲学与道家、道教. 保定:河北大学出版社,2001

L

黎红雷. 子见南子:儒者的困惑与解惑. 中山大学学报(社会科学版),2006,1:34—39
黎红雷. 为万世开太平——中国传统治道研究引论. 云南大学学报(社会科学版),2007,6:34—45
黎红雷. 和谐的生活底蕴. www.paperlw.com,2009,3,10
黎靖德编,王星贤点校. 朱子语类. 北京:中华书局,1994
李绂著,段景莲点校. 朱子晚年全论. 北京:中华书局,2000
李明辉编. 儒家经典诠释方法. 上海:华东师范大学出版社,2008
李启谦. 孔门弟子研究. 济南:齐鲁书社,1988
李启谦、王式伦编. 孔子弟子资料汇编. 济南:山东友谊书社,1991
李清明. 中国阐释学. 长沙:湖南师范大学出版社,2001

李学勤.十三经注疏(标点本).论语注疏.北京:北京大学出版社,1999
李学勤.十三经注疏(标点本).礼记正义.北京:北京大学出版社,1999
李泽厚.中国思想史论.合肥:安徽文艺出版社,1999
李泽厚.论语今读.北京:生活·读书·新知三联书店,2007
李泽厚.实用理性与乐感文化.北京:生活·读书·新知三联书店,2008
梁　涛.孟子的"仁义内在"说.燕山大学学报(哲学社会科学版),2001,4:23—27
凌廷堪著,王文锦点校.校礼堂文集.北京:中华书局,1998
刘宝楠.论语正义.北京:中华书局,1990
刘述先.朱子哲学思想的发展与完成.台北:台湾学生书局,1982
刘向编,向宗鲁校证.说苑校证.北京:中华书局,1987
刘小枫、陈少明.经典与诠释·苏格拉底问题(8).北京:华夏出版社,2005
刘小枫选编,张映伟译.《王制》要义.北京:华夏出版社,2006
刘泽华.中国政治思想史(先秦卷).杭州:浙江人民出版社,1996
刘子健著,赵冬梅译.中国转向内在——两宋之际的文化内向.南京:江苏人民出版社,2001
陆九渊著,钟哲点校.陆九渊集.北京:中华书局,1980

M

蒙培元.理学范畴系统.北京:人民出版社,1989
蒙培元.理学的演变:从朱熹到王夫之戴震.福州:福建人民出版社,1998
蒙文通.儒学五论.桂林:广西师范大学出版社,2007
牟宗三.心体与性体.上海:上海古籍出版社,1999
牟宗三.宋明儒学的问题与发展.上海:华东师范大学出版社,2004

P

潘德荣.经典与诠释——论朱熹的诠释思想.中国社会科学,2002(1)
皮锡瑞著,周予同校注.经学历史.北京:中华书局,1959
皮锡瑞.经学通论.北京:中华书局,1954

Q

漆　侠.宋学的发展和演变.石家庄:河北人民出版社,2002
钱基博.四书解题及其读法.上海:商务印书馆,1934
钱　穆.孔子与论语.台北:联经出版事业公司,1974

钱　穆. 朱子新学案. 成都：巴蜀书社，1986
钱　穆. 论语新解. 北京：生活·读书·新知三联书店，2002
钱　穆. 孔子传. 北京：生活·读书·新知三联书店，2002

S

束景南. 朱熹年谱长编. 上海：华东师范大学出版社，2001
束景南. 朱子大传. 北京：商务印书馆，2003
司马迁. 史记·仲尼弟子列传. 北京：中华书局，1959
孙希旦撰，沈啸寰、王星贤点校. 礼记集解. 北京：中华书局，1989

T

唐君毅. 中国哲学原论：宋明儒学思想之发展. 台北：台湾学生书局，1977
田浩著，姜长苏译. 功利主义儒家：陈亮对朱熹的挑战. 南京：江苏人民出版社，1997
田　浩. 朱熹的思维世界. 西安：陕西师范大学出版社，2002
田浩编，杨立华、吴艳红等译. 宋代思想史论. 北京：社会科学文献出版社，2003
脱　脱. 宋史·道学传. 北京：中华书局，1977

W

王夫之. 读四书大全说. 北京：中华书局，1975
王懋竑撰，何忠礼点校. 朱熹年谱. 北京：中华书局，1998
王守仁著，吴光等编校. 王阳明全集. 上海：上海古籍出版社，1992

X

徐复观. 徐复观文集. 武汉：湖北人民出版社，2002
徐复观. 中国思想史论集续编. 上海：上海书店出版社，2004
徐洪兴主编. 儒学文化研究集刊卷一. 鉴往瞻来. 上海：复旦大学出版社，2006

Y

姚瀛艇. 宋代文化史. 开封：河南大学出版社，1992
杨大春. 语言 身体 他者——当代法国哲学的三大主题. 北京：生活·读书·新知三联书店，2007

杨朝明. 孔子与孔门弟子研究. 济南:齐鲁出版社,2004
杨树达. 论语疏证. 上海:上海古籍出版社,1986
杨儒宾编. 中国古代思想中的气论与身体观. 台北:巨流图书公司,1993
余树苹. 再寻孔颜乐处. 浙江学刊,2003(3)
余英时. 宋明理学与政治文化. 长春:吉林出版集团有限责任公司,2008
余英时. 朱熹的历史世界——宋代士大夫政治文化的研究. 北京:生活·读书·新知三联书店,2004
袁金书. 孔子及其弟子事迹考诠. 台北:三民书局,1991

Z

张载著,章锡琛点校. 张载集. 北京:中华书局,1978
张加才. 诠释与建构——陈淳与朱子学. 北京:人民出版社,2004
张立文. 朱熹评传. 南京:南京大学出版社,1998
张立文. 朱熹思想研究. 北京:中国社会科学出版社,1994
赵　峰. 朱熹的终极关怀. 上海:华东师范大学出版社,2004
赵纪彬. 论语新探. 北京:人民出版社,1976
周敦颐. 周敦颐集. 北京:中华书局,1990
周予同. 朱熹. 上海:商务印书馆,1929
周予同. 周予同经学史论著选集. 上海:上海人民出版社,1996
朱汉民. 宋明理学通论. 长沙:湖南教育出版社,2000
朱谦之. 日本的朱子学. 北京:人民出版社,2000
朱瑞熙. 宋代社会研究. 郑州:中州书画社,1983
朱熹撰. 四书章句集注. 北京:中华书局,1983
朱熹撰,黄珅校点. 四书或问. 上海:上海古籍出版社、合肥:安徽教育出版社,2001
朱　熹. 朱子全书. 上海:上海古籍出版社,合肥:安徽教育出版社,2002
朱彝尊. 孔子门人考. 北京:中华书局,1985

文献综述

  学界关于朱熹思想的研究硕果累累,[①]本文以道的传承为视角,研究朱熹对孔子及其门人言行的诠释,属于朱熹思想研究的专题领域,但目前涉足该领域的研究者不多。

  台湾国立政治大学中国文学系的陈逢源副教授著有《朱熹论孔门弟子——以〈四书章句集注〉征引为范围》。[②] 作者注意到很少有人注意的朱熹对孔门弟子的格外关注,认为朱熹固然对孔门颜、曾以外的弟子过于苛刻,有偏颇之失,但他检视孔门儒学之

[①] 上海大学历史系方旭东《1980 年代以来大陆的朱子学研究》(徐洪兴主编,《儒学文化研究集刊》卷一《鉴往瞻来》,上海:复旦大学出版社,2006 年,页 145—166)对此有比较详细的介绍,该介绍同时也列出了海外朱子学的主要研究成果。此外,美国陈荣捷先生有《欧美之朱子学》(《朱学论集》,上海:华东师范大学出版社,2007 年),台湾的郑樑生先生有《朱子学之东传日本与其发展》(台北:文史哲出版社有限公司,1999 年),日本吾妻重二有《美国的宋代思想研究》[美国田浩编(Hoyt Cleveland Tillman),杨立华、吴艳红等译《宋代思想史论》,北京:社会科学文献出版社,2003 年,页 7—29]。

[②] 《文与哲》,2006(8),页 279—310。

传,分析弟子高下,从道统思维重新定位《论语》,不仅把《论语》作为了解孔子言行的典籍,更将其当作检视孔门儒学之传的线索,自此形就四书义理体系,使《大学》、《论语》、《中庸》、《孟子》彼此衔接,圣圣之间"道统"相传的景象得以展现,从而使儒学有了新的思考方向。

作者依据详实的资料,通过较为严密的分析,得出六个方面的结论:

一、朱熹一生建构四书义理内涵,有漫长的纂辑思索过程,从《论孟精义》至《四书章句集注》,不仅是范围的扩大,更关乎儒学之传的再反省,以及《大学》、《论语》、《中庸》、《孟子》义理体系的完成。

二、圣人气象,孔、颜乐处,原即是北宋以来儒者思索的重要课题,更是"道学"成立的重要关键,朱熹征引前贤之见,从中更及于孔门弟子高下之分析,以及儒学脉络的厘清,《论语》遂有不同以往的诠释视野。

三、不同于"四科十哲"的分类概念,朱熹以孔门弟子"颖悟"与"笃实"两分,颜渊与曾子代表孔门正宗,而曾子更关乎"道统"之传,自此孔子门人层次井然,传续儒学,遂有不同以往的线索。

四、为求凸显圣人形象,表彰颜渊、曾子之学,朱熹更留意于孔子弟子质性不同,以及孔子"因材施教"的观点,强调孔门弟子以道相尚,笃实为学,让人风慕向往。只是"药病"①之说,过于强调弟子的缺失,诠释一偏,不免流于刻板印象,也形成《四书章句集注》十分特殊的现象。

五、《论语》不仅是了解孔子言行而已,更是作为检视孔子与门人为学宏规的依据,从原本代表孔子的经典,而及于孔子门人

---

① 清人毛奇龄撰有《四书改错》,专列"贬抑圣门错",针对朱熹注解中批评孔门弟子的偏颇之处,提出批判,分析原因,其中就包括"注者必曰对病发药"的分析[毛奇龄撰,张文彬等辑《四书改错》(嘉庆十六年学圃重刊本)卷二十一,页7—8]。

以及再传弟子对于儒学的继承,朱熹对于资料来源的推究,也就更加留意,此亦是朱熹诠释颇为特殊之处。

六、四书之中,朱熹以《大学》为"孔氏之遗书",别立"经"、"传",体例十分特殊,前人或疑其伪误,或是言其具有条理,意见两极,莫衷一是,殊不知朱熹有意借此彰显儒学有传的线索,以"经"领"传",以《大学》为四书纲领,自此深具进程,体系俨然。

从这六点结论就可以看出,作者重点讨论的是朱熹如何钟爱颜、曾以及曾子何以有传的问题。应该说,作者的这一工作为本文关于曾子的讨论省去了大量笔墨。本文以道的传承为视角,讨论朱熹对孔子门人言行的诠释,按照朱熹确立的道统谱系,曾子是非常重要的一环,如不作专门的讨论,将成为一种缺憾,《朱熹论孔门弟子》一文,使这一缺憾在一定程度上得以弥补。

不过,有两点需要说明:

一是作者断定"不同于'四科十哲'的分类概念,朱熹以孔门弟子'颖悟'与'笃实'两分",似有不妥。因为一方面无论是《或问》、《语类》,还是《集注》都没放弃"四科十哲"的分类,而是对"四科"给出了独特的解释;另方面,在朱熹看来,子贡无传并非因为其"颖悟",曾子有传也并非仅因其"笃实",①子夏"笃实"亦无传,更何况朱熹对孔门弟子还有"俊敏"与"谨严"之分。②

二是《朱熹论孔门弟子》一文仅仅从道之"传"来检视朱熹对孔门弟子的分析,并没有具体从道的传承理念、方式、目的和内容等展开研究,更不关心朱熹通过对孔子门人言行的诠释所呈现的

---

① 门人廖德明录曰:"曾子本是鲁拙,后来既有所得,故守得夫子规矩定。其教人有法,所以有传。若子贡则甚敏,见得易,然又杂;往往教人亦不似曾子守定规矩,故其后无传。因窦问子贡之学无传。"(《朱子语类》第六册卷第九十三《孔孟周程张子》,页2354)

② 门人沈僩录曰:"子贡俊敏,子夏谨严。孔子门人自曾、颜而下,惟二子,后来想大故长进。"(同上)。

思想内容和思想方式,而后者恰好是本文的主要工作。

关于朱熹对孔子门人言行诠释的研究,学界仍然处于引证的状况,即为了论证朱熹思想中某方面的内容,从《集注》《语类》或《文集》中摘引朱熹对孔子门人言行的解释进行讨论,这些讨论大都不是从孔子门人言行入手的。

陈少明老师著有《孔门三杰的思想史形象》,①从孔门杰出弟子颜渊、子贡、子路的言行入手,讨论仁、智、勇三种不同的人格类型,展示儒家在思想舞台上的角色多样性,深入理解儒学关于人格的具体内涵及其实践。讨论涉及到朱熹对颜渊、子贡、子路言行的诠释,正是陈老师的这一导引,才有本文对朱熹关于孔子门人言行的诠释进行讨论的尝试。

此外,陈立胜老师有《〈论语〉中的勇:历史建构与现代启示》②,其关于《论语》、《孟子》、《荀子》中"勇"的类型划分,宋儒对勇的讨论,为本文讨论"子路之勇"提供了很好的背景。陈立胜老师《王阳明"万物一体"论——从"身—体"的立场看》中关于听、读、写、说的论述,《朱熹读书法:诠释与诠释之外》对读经典方法的总结等都是本文写作的良好基础。

---

① 刘小枫、陈少明编《经典与解释》(8),北京:华夏出版社,2005。
② 《中山大学学报》(社会科学版),2008年第4期,页112—123。

附　录

朱子语录姓氏（按时间排序）

刘子寰,字所父,建阳人。己未(1199)所闻。饶后录八。

刘　砺,字用之,三山人。己未(1199)所闻。饶后录十一。

李儒用,字仲秉,岳阳人。己未(1199)所闻。池录四三。饶录三十。

吕　焘,字德昭,弟焕,字德远,南康人。己未(1199)所闻。饶录三六、三七。

林学履,字安卿,永福人。己未(1199)所录。饶后录廿一。

不知何氏。己未(1199)同舍共录。饶录三九。

沈　僩,字杜仲,永嘉人。戊午(1198)以后所闻。池录三八、三九、四十、四一。

郭友仁,字德元,山阳人,寓临安。戊午(1198)所闻。池录四二。

胡　泳,字伯量,南康人。戊午(1198)所闻。饶录三四。

林夔孙,字子武,三山人。丁巳(1197)以后所闻。池录三四。三五陈埴录已削。

钱木之,字子山,晋陵人,寓永嘉。丁巳(1197)所闻。池录三六。

曾祖道,字择之,宁都人。丁巳(1197)所闻。池录三七。

董　铢,字叔重,鄱阳人。丙辰(1196)以后所闻。池录十三。饶录四十六。

林　赐,字闻一。乙卯(1195)以后所闻。饶录三三。

汤　泳,字叔永,丹阳人。乙卯(1195)所闻。池录三三。

辅　广,字汉卿,庆源人。居嘉兴。甲寅(1194)以后所闻。池录二。

王　过,字幼观,鄱阳人。甲寅(1194)以后所闻。饶录三十。

林学蒙,字正卿,三山人。甲寅(1194)以后所闻。饶录三二。

董拱寿,字仁叔,鄱阳人。甲寅(1194)所闻。饶录三一。

裘盖卿,字梦锡,常宁人。甲寅(1194)所闻。池录廿九。

廖　谦,字益仲,衡阳人。甲寅(1194)所闻。池录三十。

孙自修,字敬父,宣城人。甲寅(1194)所闻。池录三一。

潘履孙,字坦翁,婺源人,居绍兴。甲寅(1194)所闻。池录三二。

杨长孺,字伯子,庐陵人。甲寅(1194)记见。饶录四四。

吴　琮,字仲方,临川人。甲寅(1194)记见。饶录四五。已上三家,非柢本,览者详之。

锺　震,字春伯,潭州人。甲寅(1194)所闻。饶后录十九。

萧　佐,字定夫,湘乡人[一]。甲寅(1194)所闻。饶后录廿二。

舒　高,□□□,□□□。甲寅(1194)所闻。饶后录廿(二)[三]。

李　杞,字良仲,平江人。甲寅(1194)所闻。饶后录廿六。

杨　至,字至之,泉州人。癸丑(1193)甲寅(1194)所闻。饶录廿八。饶后录二十五。

甘　节,字吉父,临川人。癸丑(1193)以后所闻。池录廿五。

黄义刚,字毅然,临川人。癸丑(1193)以后所闻。池录廿六、廿七。饶录四十六。

潘时举,字子善,天台人。癸丑(1193)以后所闻。池录十二。饶录四十六。

林　恪,字叔恭,天台人。癸丑(1193)所闻。池录廿二。饶录四十六。

石洪庆,字子余,临漳人。癸丑(1193)所闻。池录廿三。

晏　渊,字亚夫,涪陵人。癸丑(1193)所闻。池录廿八。

郑南升,字文相,潮州人。癸丑(1193)所闻。饶录廿五。

欧阳谦之,字晞逊。癸丑(1193)所闻。饶录廿六。

游　倪,字和之,建宁人。癸丑(1193)所闻。饶录廿七。

潘　植,字立之。癸丑(1193)所闻。饶录廿九。

周明作,字符兴,建阳人。壬子(1192)以后所闻。饶录廿二。

蔡　录,字行夫,平阳人。壬子(1192)所录。饶录廿三。

杨与立,字子权,浦城人,道夫从兄。壬子(1192)同刘、□、龚、栗、谭见。饶录廿四。

陈　芝,字庭秀。壬子(1192)所闻。饶后录十三。

汪德辅,字长孺,鄱田人。壬子(1192)所闻。饶后录十六。

叶贺孙,字味道,括苍人,居永嘉。辛亥(1191)以后所闻。池录七、八、九、十、十一。

郑可学,字子上,莆田人。辛亥(1191)所闻。饶录十六。

滕　璘,字德粹,新安人。辛亥(1191)所闻。饶录十七。

王力行,字近思,同安人。辛亥(1191)所闻。饶录十八。

游敬仲,字连叔,南剑人。辛亥(1191)所闻。饶录十九。

不知何氏。辛亥(1191)同舍共闻。饶录二十。

黄升卿。辛亥(1191)所闻。饶录廿一。

徐　容,字仁父,永嘉人。辛亥(1191)所闻。池录廿四。

徐　寓,字居父,永嘉人。庚戌(1190)以后所闻。池录二十、廿一。饶录四十六。

童伯羽,字蜚卿,瓯宁人。庚戌(1190)所闻。饶录十五。

刘　砥，字履之，三山人。庚戌(1190)所闻。饶后录十。

陈　淳，字安卿，临漳人。庚戌(1190)己未(1199)所闻。饶录十三、十四。

刘　炎，字潜夫，邵武人。己酉(1189)甲寅(1194)以后所闻。饶后录七。

杨　骧，字子昂，道夫族中。己酉(1189)甲寅(1194)所闻。饶录十二。

杨道夫，字仲愚，建宁人。己酉(1189)以后所闻。池录十八、十九。

吴必大，字伯丰，兴国人。戊申(1188)己酉(1189)所闻。饶录八。

陈文蔚，字才卿，上饶人。戊申(1188)以后所闻。池录四。

李闳祖，字守约，邵武人。戊申(1188)以后所闻。池录五。

李方子，字公晦，邵武人。戊申(1188)以后所闻。池录六。

魏　椿，字符寿，建阳人。戊申(1188)五夫所闻。饶录七。饶后录二十四。

黄　䇕，字子耕，豫章人。戊申(1188)所闻。饶录九、十。

张　洽，字符德，清江人。丁未(1187)癸丑(1193)所闻。附池录后。

窦从周，字文卿，丹阳人。丙午(1186)以后所闻。池录十四。

吴寿昌，字大年，邵武人。丙午(1186)同子浩录。饶录四三。

邵　浩，字[叔义][一]，金华人。丙午(1186)所闻。饶后录九。

包　扬，字显道，建昌人。癸卯(1183)甲辰(1184)乙巳(1185)所闻。饶后录三、四、五、六。间有疑误。

潘　柄，字谦之，三山人。癸卯(1183)以后所闻。饶录六。

万人杰，字正淳，兴国人。庚子(1180)以后所闻。池录十七。饶录四十六。

程端蒙，字正思，鄱阳人。己亥(1179)以后所闻。饶录三。

周　谟，字舜弼，南康人。己亥(1179)以后所闻。饶录四五。

余大雅,字正叔,上饶人。戊戌(1178)以后所闻。池录三。

李季札,字季子,婺源人。丙申(1176)乙卯(1195)所闻。池录十六。

金去伪,字敬直,乐平人。乙未(1175)所闻。池录十五。

何　镐,字叔京,邵武人。乙未(1175)以前所闻。饶录二。

廖德明,字子晦,南剑人。癸巳(1173)以后所闻。池录一。饶录四十六。

杨　方,字子直,汀州人。庚寅(1170)所闻。饶后录一。间有可疑。

黄　榦,字直卿,三山人。饶录一。饶后录二。

杨若海,字□□,道夫之子。饶录十一。

不知何氏。饶录四十、四一、四二。

李　辉,字晦父。饶后录十二。

黄　灏,字商伯,都昌人。饶后录十四。

黄　卓,字先之。饶后录十五。

林子蒙,□□□,□□□。饶后录二十。

吴　振,字伯起,□□□。饶后录十七。

吴　雉,字和中,建阳人。饶后录十八。

黄士毅,字子洪,莆田人。蜀类。徽续类。

李壮祖,字处谦,邵武人。蜀类

李公谨,名文子,字公谨,邵武人[三]。蜀类。

一　之。蜀类。

枅。徽续类。

郭逍遥。建别录十八。

不知何氏。建别录十九、二十。

后　记

本稿是我对自己在职攻读博士学位经历的一个交代,也是练习做学问的一种尝试,这一试就是七年(2002—2009),时间似乎长了一点,但自觉乐在其中。这一"乐"并非完全自得,而是更多来自各位老师、同学、同事和家人的支持。

首先要感谢陈少明老师七年的敲打和李兰芬师母的不断鼓励。陈老师和李老师积三十余年的学术功底,对弟子严格要求,又不失时机地鼓励,循循善诱,把弟子引进朱熹思想研究的学术殿堂,为弟子提供了安身立命的又一种选择。

感谢冯达文老师、刘小枫老师、陈立胜老师、张永义老师、张丰乾老师、倪梁康老师、张志林老师、鞠实儿老师、龚隽老师、刘森林老师、徐俊忠老师、张宪老师,因为各位老师或开出精彩课程和讲座、或课后讨论和交流给了我有益的启发,或为论文的修改提供建设性意见,更因为各位老师共同营造了中山大学哲学系的良好学术氛围。

感谢所有我在论文中参考、引用的文献的作者;感谢各种经典文献精美电子版本的制作者。

  感谢众多同学、朋友和同事在我学习期间提供的各种帮助和鼓励,尤其要感谢程志敏、李云飞、罗立军三位同学,学习期间的头两年(2002—2004)有时间常聚,当时海阔天空的情景仍历历在目,成为我记忆中的一份美好收藏。

  感谢杨蓉博士、赵宏宇师弟为我学位论文答辩的申请工作所提供的帮助。感谢我的研究生郭永园为论文的注释和参考文献所做的校对工作。

  感谢刘小枫老师和华东师范大学出版社为本书的出版提供机会。

  感谢我工作的石河子大学的各位领导,尤其周生贵书记和向本春校长对我学业的一再延期予以的宽容,使我有充足的时间在中山大学安心学习和研究;感谢我在石河子大学政法学院的领导和同事郭宁教授、张凤艳教授、李盛业教授以及唐艳秋副教授、李小兵副教授,是他们分担了我大量的工作;感谢北京大学法学院的王磊教授,在我论文撰写的关键时期,来到石河子大学政法学院挂职担任院长,把我从行政事务中暂时解脱出来,对论文初稿的顺利完成起到了关键作用。

  最后要感谢我妻子、女儿和父母的理解和支持,妻子的无怨无悔,女儿的乖巧懂事和八十高龄父母的身体健康,使我这七年散漫的求学生涯得以无任何后顾之忧。

二〇一〇年三月十一日

图书在版编目(CIP)数据

道的传承——朱熹对孔子门人言行的诠释 / 刘贡南著. -- 上海：华东师范大学出版社, 2011.7
　ISBN 978-7-5617-8584-3
　(政治哲学文库)
　I. ①道… II. ①刘… III. ①朱熹(1130～1200)－理学－研究　IV. ①B244.75
　中国版本图书馆CIP数据核字(2011)第075164号

华东师范大学出版社六点分社
企划人　倪为国

本书著作权、版式和装帧设计受世界版权公约和中华人民共和国著作权法保护

政治哲学文库
道的传承——朱熹对孔子门人言行的诠释
刘贡南　著

责任编辑	欧雪勤
封面设计	吴正亚
责任制作	肖梅兰
出版发行	华东师范大学出版社
社　　址	上海市中山北路3663号　邮编　200062
网　　址	www.ecnupress.com.cn
电　　话	021－60821666　行政传真　021－62572105
客服电话	021－62865537
门市(邮购)电话	021－62869887　地址　上海市中山北路3663号华东师范大学校内先锋路口
网　　店	http://ecnup.taobao.com
印 刷 者	上海景条印刷有限公司
开　　本	890×1240　1/32
插　　页	2
印　　张	6.25
字　　数	150千字
版　　次	2011年7月第1版
印　　次	2011年7月第1次
书　　号	ISBN 978-7-5617-8584-3/B·634
定　　价	24.80元
出 版 人	朱杰人

(如发现本版图书有印订质量问题，请寄回本社客服中心调换或者电话021-62865537联系)